Heymann Steinthal

Philologie, Geschichte und Psychologie in ihren gegenseitigen Beziehungen

Heymann Steinthal

Philologie, Geschichte und Psychologie in ihren gegenseitigen Beziehungen

ISBN/EAN: 9783743315921

Hergestellt in Europa, USA, Kanada, Australien, Japan

Cover: Foto ©Thomas Meinert / pixelio.de

Heymann Steinthal

Philologie, Geschichte und Psychologie in ihren gegenseitigen Beziehungen

PHILOLOGIE, GESCHICHTE

UND

PSYCHOLOGIE

IN IHREN GEGENSEITIGEN BEZIEHUNGEN.

EIN VORTRAG
GEHALTEN IN DER VERSAMMLUNG DER PHILOLOGEN
ZU MEISSEN 1863

IN ERWEITERNDER ÜBERARBEITUNG

VON

Dr. H. STEINTHAL,
A. O. PROFESSOR FÜR ALLGEMEINE SPRACHWISSENSCHAFT AN DER UNIVERSITÄT
ZU BERLIN.

BERLIN,
FERD. DÜMMLER'S VERLAGSBUCHHANDLUNG
HARRWITZ UND GOSSMANN.
1864.

Vorrede.

Was mich zu einem Streifzuge auf das Gebiet der Geschichtswissenschaft überhaupt veranlaſste, war das Bedürfniſs, mir über die Stellung der Sprachwissenschaft zu derselben klar zu werden. Den Muth aber mit meinen Ergebnissen zunächst vor die Versammlung der Philologen und jetzt vor die Welt der Gelehrten, Denker und Gebildeten überhaupt zu treten, nehme ich aus Aeuſserungen, wie sie einer unserer bedeutendsten Historiker, Droysen, vor Kurzem that: „Die Aufgabe, das Wesen und die Gesetze der Geschichte zu bestimmen, hat auſser der besondern Bedeutung für geschichtliche Studien noch eine andre, allgemeinere und beginnt eben darum die Aufmerksamkeit der wissenschaftlichen Welt zu beschäftigen. Sie scheint dazu angethan, der Mittelpunkt der groſsen Discussion zu werden, welche in dem Gesammtleben der Wissenschaften die nächste bedeutende Wendung bezeichnen wird." So glaubte ich, von meinem engen Standpunkt aus, zu dieser Discussion nach meinen Kräften beitragen zu dürfen, zu müssen. Möge es mir gelungen sein, dahin mitzuwirken, daſs Streitereien, die längst abgethan, und solche, die nie erhoben sein sollten, endlich verstummten, und dafs dagegen die wahren Streitpunkte einen Lichtstrahl erhielten, durch welchen der echte Kampf belebt und so das wissenschaftliche Streben gefördert würde.

Berlin, den 1. Februar 1864.

Der Verfasser.

Hochgeehrte Herren!

Sie sind in diesen Versammlungen daran gewöhnt, die bewährtesten Forscher ihrer vieljährigen Bemühungen reifste Ergebnisse in entsprechender Form vortragen zu hören. Dagegen wage ich, Ihre Aufmerksamkeit in dieser Stunde nicht sowohl für etwas Fertiges in Anspruch zu nehmen, als vielmehr für etwas Begonnenes, und also vorzüglich für eine Aussicht, die ich Ihnen zu eröffnen hoffe, auf ein weites Gebiet von Aufgaben und möglichen Leistungen. Ich will von der Beziehung der Psychologie zur Philologie reden; d. h., um es sogleich bestimmter auszudrücken, ich werde die Frage zu beantworten versuchen: welche Aufgaben hat der Philologe und Historiker der Psychologie zu stellen? Es bedarf wohl kaum ausdrücklich hinzugefügt zu werden, daſs, wenn jener auf seinem eigensten Gebiete psychologische Aufgaben vorfindet, dann auch für ihn die Lösung derselben von nicht geringer Wichtigkeit sein muſs. Die angegebene Frage kann demnach auch so gestaltet werden: welche Hülfe hat der Historiker von der Psychologie zu erwarten? Und diese Frage schlieſst eben die dritte ein: welche Veranlassung hat der Historiker, der Psychologie seine Aufmerksamkeit zu schenken?

Zu beginnen habe ich mit einigen Bemerkungen über das Wesen der Philologie und ihre Stellung im Kreise der Wissenschaften überhaupt — Bemerkungen, die ich nicht machen kann, ohne mich zugleich über das Wesen der Philosophie und ihre Beziehung zur Empirie und Historie zu äuſsern.

Es gibt einen Kreis höchster wissenschaftlicher Begriffe oder Kategorieen, wie Sein und Werden, Wesen und Erscheinung, Stoff und Kraft u. s. w., und allgemeinster Formen wissenschaftlichen Denkens, wie Begriff, Urtheil, Schluſs, Induction, also einen Kreis von, wie man sie hergebrachtermaſsen nennt, metaphysischen Kategorieen und logischen Denkformen, der allen

Wissenschaften zu Grunde liegt, und der für immer auch an sich einen abgesonderten Gegenstand einer besonderen Wissenschaft bilden wird, welcher wir den altehrwürdigen Namen der Philosophie ruhig lassen müssen. Nehmen wir nun zur Metaphysik und Logik noch die Ethik und die allgemeine Aesthetik hinzu: so dürfte wohl der Umkreis fest abgegrenzt sein, innerhalb dessen die Philosophie die ihr eigenthümliche Vorlage hat und in voller Autonomie bearbeitet. Sie hatte ihre Befugniſs, sie hatte das Wesen des menschlichen Denkens verkannt, sie war in vollem Irrthum über ihr eigenes Wesen, als sie, die oben gezogenen Grenzen überschreitend, in das Gebiet der objectiven Erscheinungen, der Wirklichkeit, mit ausschließlich ihr selbst eigen sein sollenden Constructionen, eingriff. Dieses Gebiet der wirklichen Einzelheiten gehört den besonderen Disciplinen und zerfällt in zwei Haupt-Abtheilungen: Natur und Geist; und dem entsprechend verbinden sich die besonderen Disciplinen zu zwei großen Kreisen: erstlich zur Naturwissenschaft und zweitens zur Geschichte oder Philologie, d. h. zur Wissenschaft vom Geiste; und es kann nur eine Naturwissenschaft und nur eine Geschichte geben, nicht aber neben einer empirischen auch noch in ganz eigener Weise eine philosophische.

Der Dualismus von Philosophie oder Speculation einerseits und Empirie oder Historie andrerseits ist ein Erzeugniſs des Mittelalters und ist für die Denkweise desselben wie auch für die der letzten Jahrhunderte bis heute bezeichnend; aber wie er dem Alterthum unbekannt war, so scheint mir jetzt, meine Herren, die Zeit gekommen, wo der Gesammtgeist strebt, ihn zu überwinden und so zur alten Einfachheit zurückzukehren, aber natürlich, bereichert und vertieft, zu einer viel gehaltvollern Einfachheit.

Dem Alterthum, sage ich, war dieser Dualismus fremd, obwohl die gegensätzlichen Begriffe, mit denen man ihn näher bezeichnet: a priori und a posteriori, synthetisch und analytisch, Syllogismus und Induction, auf aristotelischen Sätzen und Terminis ruhen; denn Aristoteles verband mit ihnen nicht den Sinn, lieh ihnen nicht den Werth, den sie später erhielten. Die sinnlichen Wahrnehmungen, die einzelnen Dinge, galten ihm als das der menschlichen Erkenntniſs zunächst Liegende; je umfassender und abstracter die Begriffe werden, um so ferner rücken sie dem Menschen, aber um so mehr nähern sie sich dem Urprincip des Seins. Alle Erkenntnifs ist, nach seiner Betrachtungsweise, eine Bewegung auf der Leiter der Begriffe von dem Erfassen der sinnlichen Einzelheit bis zur letzten Allgemeinheit. Mag nun diese Bewegung eine auf- oder eine absteigende sein, d. h. mag aus dem Besondern das Allgemeinere (durch Induction) oder aus dem Allgemeineren das darunter befafste Besondere erkannt werden, immer wird eine Stufe vorausgesetzt, die man inne hat, um von ihr aus eine andere zu erreichen. Man kann nichts lernen, wenn man nicht schon vorher etwas weifs. Insofern ist jede Erkenntnifs von einem Früheren ($\pi\rho\acute{o}\tau\varepsilon\rho o\nu$) ausgehend, also a priori, von einer $\pi\rho o\ddot{v}\pi\acute{a}\rho\chi o v\sigma a$ $\gamma\nu\tilde{\omega}\sigma\iota\varsigma$, von gewissen $\pi\rho o\gamma\iota\nu\omega\sigma\varkappa\acute{o}\mu\varepsilon\nu a$ (Analyt. post. I, 1). Nun aber hat Aristoteles schon wenigstens die entschiedene Neigung, das dem ersten Princip näher liegende, das Allgemeinere, ausschliefslich oder als das ganz eigentlich und in Wahrheit Frühere, Bekanntere und als Ursache anzusehen. Denn das uns, d. h. unserer Sinnlichkeit ($a\mathit{i}\sigma\vartheta\eta\sigma\iota\varsigma$), Fernere ($\pi o\rho\rho\acute{\omega}\tau\varepsilon\rho o\nu$) ist das an sich und der Wirklichkeit oder Natur und der Wahrheit nach ($\dot{a}\pi\lambda\tilde{\omega}\varsigma$ oder $\varphi\acute{v}\sigma\varepsilon\iota$ oder $\varkappa a\tau\grave{a}$ $\tau\grave{o}\nu$ $\lambda\acute{o}\gamma o\nu$) Nähere und Bekanntere ($\dot{\varepsilon}\gamma\gamma\acute{v}\tau\varepsilon\rho o\nu$ und $\gamma\nu\omega\rho\iota\mu\acute{\omega}\tau\varepsilon\rho o\nu$) und Frühere ($\pi\rho\acute{o}\tau\varepsilon\rho o\nu$). Das wahre Wissen a priori also ist das aus dem Allgemeinern. Aber so weit geht Aristoteles nicht, eine Erkenntnifs a posteriori zuzulassen, wie man später that, indem man von dem ursprünglichen, einfachen Sinne jener Termini ganz absah.

Wie für Aristoteles ein aposteriorisches Wissen eigentlich undenkbar war, so konnte er auch kein empirisches Wissen anerkennen. Die Ausdrücke $\dot{\varepsilon}\mu\pi\varepsilon\iota\rho\acute{\iota}a$ und $\dot{\varepsilon}\pi\iota\sigma\tau\acute{\eta}\mu\eta$ bezeichnen bei ihm wie bei Platon Stufen der Bildung. Jene kennt nur, dafs etwas ist, $\ddot{o}\tau\iota$, nicht aber dessen Ursache, $\delta\iota\acute{o}\tau\iota$, und also ist sie eben noch gar kein Wissen.

Das Mittelalter zerbricht die einfache Lebens- und Denkform des Alterthums und erzeugt in allen Gestaltungen des praktischen Lebens wie in allen Richtungen des theoretischen Geistes den Dualismus. Jetzt tritt der Gegensatz auf von Natur und Geist, einem Diesseits und einem Jenseits, von Staat und Kirche, Staat und Einzelperson, äufserem und innerem Leben. Innerhalb solcher dualistischen Welt entwickelt sich auch der Gegensatz einer zwiespältigen Wissenschaft, von Empirie und Speculation. Es bestand ein Mifsverhältnifs zwischen der niedrigen Erkenntnifs der Wirklichkeit und der weit gediehenen logischen Bildung; und während jene bei der Verachtung der Natur sich nicht erheben konnte, fand diese in der Theologie ein geeignetes Object, das sie zu bearbeiten hatte. Wie im klassischen Alterthum die Philosophie, so umfaſste jetzt die Theologie alles Wissen und alle geistige Bildung. Daneben trieb nur das gemeine Bedürfniſs und Aberglaube zur Beobachtung der Natur und zu Experimenten, wenn diese Ausdrücke auf ein geistloses Kochen und Brauen der Alchymisten, das Treiben der Aerzte, der Astrologen angewandt werden können.

Dieser Gegensatz einer begrifflosen Empirie (im aristotelischen Sinne dieses Wortes) und einer gehaltlosen Begriffsspalterei wird von Bacon von Verulam bekämpft; er will die beiden Seiten vereint wissen. Dies spricht er in seinem Novum organon sehr geistreich aus, und man bildet sich leicht ein, einen wahren Schatz an diesem Werke zu besitzen. Sieht man aber genauer zu, so merkt man bald, daſs Baco die Forderungen, welche sein Zeitgenosse Galilei schon erfüllte, nur ganz abstract aussprach.

Unsere Experimental-Physik ist eine wahrhaft apriorische Wissenschaft im Sinne des Aristoteles; denn sie erklärt die Erscheinung aus ihren Ursachen: und sie ist die wahre Einheit von Begriff und Thatsache, welche Baco anstrebte. Sie war aber kaum gegründet, als schon Descartes auftrat und von dem Grundsatze „cogito ergo sum" ausgehend eine Gewiſsheit in der Erkenntniſs des Seienden suchte, welche nur aus dem Denken erfolgen sollte. So war der Gegensatz von Empirie und Speculation von neuem da, und zwar in tieferer Weise als vorher. A priori bedeutete nun nicht mehr: aus der Ursache, sondern: aus bloſsem Denken, nicht auf Erfahrung gestützt, lediglich aus unserm eigenen Geiste.

Kant wies darauf hin, daſs aller Erfahrung, damit sie möglich sei, gewisse apriorische Erkenntnisse vorausgehen müssen und sucht letztere genau zu bestimmen und zu umgrenzen. A priori heiſsen von jetzt an nur solche Erkenntnisse, welche unser „Erkenntniſsvermögen selbst hergibt", und die in keiner Weise durch Erfahrung gewonnen werden könnten, als da sind die reinen Formen der sinnlichen Anschauung Raum und Zeit, die Kategorieen oder reinen Verstandsbegriffe, die Grundsätze der Urtheile. Diese apriorischen Erkenntnisse würden uns keine Erkenntniſs der wirklichen Dinge geben, wenn nicht die Sinnesthätigkeit hinzuträte, welche jenen apriorischen Formen das Material liefert, wodurch die aposteriorische Erkenntnifs zu Stande kommt. Durch solche Scheidung zwischen dem, was dem menschlichen Erkennen an sich inwohnt, das Wesen unseres Erkenntnifsvermögens ausmacht, und dem was durch Erfahrung gewonnen wird, ist eine Aussöhnung zwischen Empirie und Speculation erreicht, insofern jeder dieser beiden ihr Gebiet angewiesen ist. Die Empfindungen geben uns den Stoff der Erkenntnifs, die Form fügt der Geist aus sich hinzu nach den ihm inwohnenden Gesetzen, und erst aus der Vereinigung dieser Elemente, des Stoffs der Empfindung mit der Form des Geistes, entsteht eine Erkenntnifs von den Dingen. Jede Vorstellung also enthält ein stofflich-empirisches und formal-apriorisches Element; „unsere Erfahrungserkenntnifs ist ein Zusammengesetztes aus dem, was wir durch Eindrücke empfangen, und dem, was unser eigenes Erkenntnifsvermögen, durch sinnliche Eindrücke blofs veranlafst, aus sich selbst hergibt".

In Folge aber gerade dieses Anstofses, welchen die Philosophie von Kant erhielt, gestaltete sich in der Identitäts-Philosophie jener Dualismus am vollständigsten und schroffsten. Hegel glaubte gefunden zu haben, was Descartes suchte, die absolute Gewifsheit der Wahrheit, eine Erkenntnifs vom Seienden, die so gewifs ist, wie das Denken selbst. Nicht nur die abstracten apriorischen Formen der Erkenntnifs, sondern auch die Form und der Inhalt alles Seins ist im Geiste, und der Geist legt selbst seinen Inhalt dar. Der Geist ist die Idee, und das Sein ist die Idee, beide identisch, der Geist aber ist die Selbstbewegung, in der er seinen Inhalt offenbart. Eine Sache a priori erkennen, heifst nun: sie als Moment in der Bewegung der Idee erkennen, als etwas was zum Inhalt, zur Substanz des Geistes gehört, was er in seiner Bewegung aus sich setzt. Unser Geist ist nicht blofs, wie Kant meinte, reine Form, sondern diese Formen tragen in sich auch allen Inhalt.

So hatte der Dualismus durch Hegel seine Spitze und seinen das All umspannenden Umfang gewonnen. Natur und Geschichte lassen sich aposteriorisch erkennen und auch, und zwar in Wahrheit und absoluter Gewifsheit, apriorisch durch die dialektische Methode, in welcher der Geist selbst seinen Inhalt offenbart. Alle Disciplinen der Natur- und Geschichts-Wissenschaft existiren doppelt: empirisch und philosophisch. Jene führen dem

Menschen allen Inhalt von aufsen zu, diese zeigen ihm jeden Inhalt als in ihm selbst liegend.

Dieser Dualismus ward nicht blofs von den Philosophen gesetzt, sondern auch von dem Empirikern, die sich jenen immer eben so, wie diese sich ihnen gegenüberstellten. Hegel gegenüber behauptet der neuere Empiriker, dafs er durchaus nur Thatsächliches a posteriori suche, nichts a priori erlangen wolle, noch voraussetze.

Beide, Philosophen wie Empiriker, haben in gleicher Weise geirrt: sie haben beide übersehen, dafs all unser Erkennen, das niedrigste und einfachste, die Empfindung, z. B. die Wahrnehmung eines Lautes, wie das höchste und verwickelteste, nothwendig doppelseitig ist, aus zwei Momenten besteht; und die Einen wie die Anderen haben die beiden Seiten, die nur im Zusammenwirken eine Erkenntnifs geben, aus einander gerissen. Wie alle natürlichen Vorgänge mindestens zwei Factoren voraussetzen, wie kein Stofs stattfinden kann ohne Stofsendes und Gestofsenes, die Hand keinen Druck üben kann, wo sie nicht einen Gegendruck findet, wie das Athmen in Ein- und Ausathmen besteht: so ist jede Erkenntnifs a priori und a posteriori zugleich. Handelt es sich um eine Erfindung, so ist die Wirkung des äufseren Elements, der Luft, des Aethers, auf unsere Seele das aposteriorische Moment; die Gegenwirkung der Seele das apriorische; und beide Wirkungen zusammen erzeugen den Laut, die Farbe. Dann treten Apperceptionen auf, die sich immer vielfältiger zusammensetzen, in denen aber allemal das Zu-Appercipirende ein aposteriorisches, das Appercipirende ein apriorisches Element bildet. Das Urtheil lebt in der Zusammensetzung des Subjects, als eines a posteriori, mit einem Prädicat, einem a priori: und ebenso vertreten die Vordersätze ein a posteriori und a priori, welche sich im Schlufssatze zusammenschliefsen. Endlich nenne ich die leitenden Begriffe, Gesetze, Regeln, Mafsstäbe und Ideen, welche a priori wirken im Verhältnifs zu den Massen von Vorstellungen, die sie leiten und ordnen und schaffen, welche selbst aber das Erzeugnifs zusammenwirkender apriorischer und aposteriorischer Momente sind.

Hieraus erhellt, dafs a priori und a posteriori immer in einem Processe vereint, und dafs sie insofern relative Begriffe sind, als (abgesehen von den allgemeinsten Elementen, welche nur apriorisch, und den Sinnes-Empfindungen, welche nur aposteriorisch wirken können) dasselbe Element des Bewusstseins in dem einen Erkenntniſs-Proceſs aposteriorisch, im andern apriorisch wirken kann. Aber nur ihre Wirkungsweise ist bald apriorisch, bald aposteriorisch; ihre Entstehung verdanken alle Begriffe einer Doppelwirkung.

Hier kommt nun auch der Begriff der Nothwendigkeit in Betracht. Man sagt, die Empirie lehre nur, daſs etwas ist (ὅτι), die Philosophie aber erkenne nicht bloſs, was ist, sondern was sein muſs, und warum es so und nicht anders ist (διότι). Hiermit ist aber das thatsächliche Verhältniſs falsch bezeichnet. Von unserer heutigen Physik läſst sich recht wohl dasselbe behaupten, was von der Philosophie gesagt wird, daſs sie in der Erscheinung das Gesetz, in dem Wirklichen das Wesentliche, die Nothwendigkeit erkennt; und wie die Natur selbst als ein einheitliches System mit und gegen einander wirkender Kräfte besteht, so sucht auch die Physik sich zur Darstellung dieses Systems zu erheben. Das also ist es nicht, was die empirische und speculative Betrachtung unterscheidet, sondern das was unter Nothwendigkeit, Gesetz, und System verstanden wird. Gesetz ist dem Empiriker ein festes Causalitäts-Verhältniſs, die Bestimmtheit eines Werdens unter gewissen Bedingungen; und dieses Gesetz vollzieht sich nothwendig, der Erfolg der Bedingungen tritt unfehlbar ein. Das übereinstimmende Zusammenwirken solcher Gesetze bildet das System. Eine Erscheinung aus dem Gesetze erkennen, heiſst dem Empiriker, sie a priori erkennen. Dem Philosophen dagegen heiſst a priori: aus dem Geiste, der Idee; daher heiſst bei ihm etwas als nothwendig begriffen, wenn es als ein Moment der Idee nachgewiesen ist, wenn es sich als eine Entwickelungsstufe des Geistes offenbart, und das System beruht auf dem Zusammenhange sämmtlicher Momente der Idee. Der Geist, die Idee sind Entwicklung; die Einzelheiten des Alls sind die besonderen Gestaltungen der Idee, durch welche sie in immer vollkommnerer, immer klarer ihr Wesen darstellender Weise wirklich wird. Die Nothwendigkeit des Empirikers bezieht sich auf das thatsächliche Ereigniſs, das wirkliche Werden; die des Philosophen drückt eine Werthbestimmung aus. Die Speculation erforscht, welchen Werth ein Wesen hat für die Verwirklichung, die Entwicklung des Geistes, der Idee, des Absoluten, Gottes; welche Stellung es auf der Stufenleiter der Daseins-Formen einnimmt. Dieser Werth, diese Stellung bestimmt seine Nothwendigkeit. Die Betrachtung des Physikers und Historikers ist genetisch, die Hegels ästhetisch. Nun schliefsen sich aber diese beiden Betrachtungsweisen nicht als Gegensätze aus, sondern zusammen; jede für sich genommen ist mangelhaft. Die Genesis eines Wesens bestimmt dessen Werth, und sein Werth seine Genesis. Dies wird namentlich in der Geschichte klar, wo ideale Momente in den Geistern unmittelbar zu treibenden Ursachen der Entwicklung werden (Zeitschr. f. Völkerpsych. I. S. 17). Die ästhetische Betrachtung, die nicht selbst causal ist, wird formal constructiv und willkürlich teleologisch. Wenn aber die Wissenschaft die Vernunft in der Wirklichkeit sucht, so hat sie die Einheit der Ursachen und Zwecke zu erkennen.

Wie mit dem Gegensatze von a priori und a posteriori, von causal-genetisch und teleologisch-ästhetisch verhält es sich auch mit dem des synthetischen und analytischen Vorgehens der Erkenntnifs. Auch Synthesis und Analysis sind die zwei zusammengehörigen Momente, die man hat aus einander reifsen wollen. Jene soll vom Allgemeinen zum Einzelnen herab-, diese vom Einzelnen zum Allgemeinen hinaufsteigen*). Man übersah, dafs jedes Denken in einem und demselben Acte ein Besonderes und ein Allgemeines setzt und eben die In-Eins-Fassung beider ist. Man kann das ganz Individuelle als solches wahrnehmen; es denken, benennen kann man nur, indem man es unter einem Allgemeinen mit den verwandten individuellen Erscheinungen zusammenfafst. Derjenige der zuerst eine gewisse Farbe „grasgrün" nannte, war der hierbei synthetisch oder analytisch verfahren? Beides! Denn er hatte eine bestimmte Abschattung des Grünen, also eine Besonderheit, erfafst; aber er hatte dies nur dadurch erreicht, dafs er in einem und demselben Acte aus der Wahrnehmung des Einzelnen ein Allgemeines gebildet, und jenes unter dieses subsumirt hatte. Er hatte nicht erst das Einzelne und dann das Allgemeine noch auch umge-

---

*) Bei Kant haben die Termini synthetisch und analytisch ihre Bedeutung geradezu umgetauscht, was sich auch mit blofser Rücksicht auf den einfachen Wortsinn recht passend thun liefs. Sie bezeichnen aber nicht zwei Methoden, sondern zwei Classen von Urtheilen, gehören also eigentlich nicht in die obige Betrachtung. Aber auch die Einseitigkeit dieser Auffassung folgt aus dem im Text Gesagten. Jedes Urtheil ist, auch nach Kants Bestimmung dieser Termini, synthetisch und analytisch zugleich.

kehrt und subsumirte dann; sondern die Subsumtion und die Schöpfung jedes von beiden war Eins. — Und so zeigt der Etymologe an jedem Worte, wie sich der Mensch am Einzelnen des Allgemeinen und dadurch des Einzelnen bewufst wird. In jedem Worte als Namen eines Dinges bezeichnet die Wurzel ein allgemeines Merkmal, das dem benannten Dinge mit vielen andern gemein ist. So bedeutet das Wort das Einzelne, indem es dasselbe mit vielen andern zu einer Art zusammenfafst, und es hat so nothwendig den Trieb in sich, zur Benennung der Art zu werden.

Das falsche Gebahren mit der synthetischen und analytischen Methode hängt mit dem Fehler der bisherigen Logik zusammen, dafs sie weniger daran dachte, dafs und wie Begriffe zu erzeugen sind, als sie vielmehr eine Welt gegebener Begriffe voraussetzte, die sich nach einer hierarchischen Stufenleiter gemäfs dem Grade ihrer Allgemeinheit ordnen, und dafs sie nun alles Denken so ansah, als wäre es weiter nichts als ein Auf- oder Absteigen auf dieser feststehenden von der Erde in den Himmel reichenden Leiter. Das Absteigen sollte Synthesis sein, das Aufsteigen Analysis. Die Begriffe, welche man, um ihre Herkunft unbekümmert, aus dem gemeinen Bewufstsein nahm, hypostasirte man; man hielt sie für die Objecte selbst, für die das All schaffenden Mächte. Wenn Aristoteles den höhern, abstractern Begriff den von Natur nähern nennt, welcher mehr Wesenhaftigkeit ($οὐσίαν$) enthalte, so macht er hiermit stillschweigend die phantastische Voraussetzung, als wäre der weiteste, das All umfassende Begriff auch die wirklich alle engern Begriffe aus sich erzeugende Macht. Der immer engere Begriff entfernt sich immer mehr von dem weitesten und hat immer geringere Zeugungskraft, die jedem aus dem höchsten zufliefst und mit dem sinnlich Einzelnen endet. Es ist hier schon der Keim zu mystischer Emanationstheorie, ist aber in der That ein todter Formalismus. Und an solchem Formalismus litt die Philosophie bis auf die neuesten Systeme; man bildete sich ein, in jedem Begriffe das Object selbst zu haben und durch logische Operationen mit jenem dieses zu erfassen, wie der Abergläubische im Zauber durch den Namen die benannte Sache und Person zu beherrschen wähnte. Statt die wirkliche Sache zu untersuchen, spaltete man Begriffe. Unbekümmert um die im All wirkenden, alle natürlichen und geistigen Erscheinungen bedingenden, erzeugenden Kräfte, unbekümmert um den wirklichen, lebendigen Zusammenhang der Dinge, sucht Hegel nur das Verhältniſs der Begriffe zu einander zu bestimmen, und meint im dialektischen Uebergange eines Begriffes in den andern ein wahres Werden zu erkennen. Auch für ihn gibt es eine feste Leiter von Begriffen, und alle Erkenntniſs liegt im Uebergange von einer Stufe zur andern durch die Dialektik. So ist seine ganze Philosophie formal logisch (s. S. 8) mit dem Anspruch, den Inhalt der Wirklichkeit darzustellen, und willkürlich teleologisch constructiv mit dem Anspruch, die Schöpfung Gottes zu offenbaren. Sobald man sich an das Reale selbst wendet und, statt Begriffe vorauszusetzen und logisch zu behandeln, sie erst in unmittelbarer Berührung mit dem Realen zu bilden strebt, zeigt sich daſs jede Erkenntniſs synthetisch und analytisch zugleich, eine Synthese in Folge einer Analyse und eine Analyse in Folge einer Synthese ist.

Wollen Sie dies wohl beachten, meine Herren, ich sage: jede Erkenntniſs ist zugleich a priori und a posteriori, synthetisch und analytisch, und, wenn sie vollkommen ist, causal und teleologisch; ich spreche ein kategorisches Urtheil aus und stelle nicht etwa eine Forderung, wie man denken solle. Nicht etwa so rede ich, wie Hegel, der die frühere Denkweise als Verstandes-Reflexion für unwahr erklärte und eine neue Weise forderte, eine höhere, schwierigere, vernünftig-speculative, für welche nicht jeder das Organ zu haben schien; nicht wie der Empiriker rede ich, der nur das gerade Gegentheil von Hegel fordert. Nein, ich verweise schlechthin auf die Natur unseres Denkens und Erkennens, und dieser gemäſs kann es gar nicht anders sein, als daſs in jedem Acte desselben ein relativ apriorischer und relativ aposteriorischer Factor in Wirksamkeit ist. Es ist unmöglich bloſs mit einem dieser Factoren zu denken. Ich mache Sie also bloſs auf eine unabänderliche psychologische Thatsache aufmerksam und stelle nicht etwa die Zumuthung an Sie, in einer besonderen, höheren Methode zu denken. Man hat in neuerer Zeit in einer wahrhaft abergläubischen Weise nach einer absoluten Methode der Erkenntniſs gesucht, wie im Mittelalter nach dem Steine der Weisen. Die dialektische Methode sollte uns in alle Wahrheit und in die volle Wahrheit, in die Tiefen der Gottheit führen. Abgesehen davon, daſs dem endlichen Geiste das Absolute nicht zukommen kann, ist es auch thöricht, zu meinen, irgend ein methodischer Schematismus, ein begrifflicher Mechanismus könne alle Räthsel lösen, um die sich der Geist der Menschen bemüht. Nicht nur ist jede Aufgabe an sich individuell und verlangt eine individuelle Weise ihrer Lösung; sondern jeder von uns nähert sich ihr auch mit individuellen Anlagen, auf bestimmter Stufe der Bildung, in besonderer geistiger Richtung. Schließlich verhält sich die Sache doch so, daß man nur sagen kann: hier liegt die Aufgabe; jeder suche ihre Lösung, wie er kann. Welche Thorheit eine besondere Methode, Wahrheit zu schaffen! Verlangt man auch eine Methode zu leben, Kinder zu zeugen? Noch nie hat eine Methode einen Impotenten schöpferisch gemacht.

Läugne ich nun etwa den Werth der Methodenlehre, und werde ich dem naturalistischen Denken, dem Denken auf eigene Faust, das Wort reden? Auch das, meine Herren, wäre thöricht und verriethe nicht minder Mangel an Einsicht in das Wesen des menschlichen Denkens, in die Natur des menschlichen Geistes. Der Mensch denkt allerdings von Natur, wie er ißt und geht. Von Natur aber, aus Instinct, ißt und geht der Mensch unzweckmäßig und unbeholfen genug. Menschlich essen muß das Kind erst lernen; und dem Bau unseres Leibes angemessen gehen wird erst einexercirt. Und so denkt man auch von Natur herzlich schlecht. Kurz, was heißt denn das: dem Menschen kommt Vernunft zu? Nichts anderes als: er soll vernünftig werden, sich bilden; denn von Natur ist er unvernünftig. Der Feigheit der Schönseeligkeit und einem kränklichen Aestheticismus gegenüber muß wieder in Erinnerung gebracht werden, daß die Vernunft, die den Menschen vom Thier unterscheidet, ein ewiges Sollen ist.

Zunächst vermag die wahre Methodenlehre, gestützt auf die psychologische Erkenntniß des Wesens alles Denkens, vor jenen künstlich zubereiteten Methoden, jenen eingebildeten Forderungen zu wahren. Sie zeigt, daß wenn dieser rein apriorisch, jener rein aposteriorisch forschen will und zu forschen sich einbildet, er darum nur sich selbst betrügt; denn er denkt darum doch nicht, wie er will, sondern nur, wie er menschlicherweise kann; er kann aber gerade deswegen nur schlecht denken, weil er seinen Geist verstümmelt. Nie hat ein Mensch rein a priori oder rein a posteriori gedacht, wie sehr mancher sich auch eingebildet haben mag, das eine oder das andre zu thun.

Es wird auch wohl gefordert, man müsse objectiv sein. Als wenn Denken nicht eben hieſse, sich als Subject bethätigen! sollte der Mineralog objectiv sein, so müſste er ein Stein werden. Mit Faust klagt wohl Mancher: „Was ihr den Geist der Zeiten heiſst, das ist im Grund der Herren eigener Geist, in dem die Zeiten sich bespiegeln"; als wenn Geschichtswissenschaft etwas anderes sein könnte, als das Erzeugniſs des geschichtsforschenden Geistes! Oder soll mit der Forderung der Objectivität gesagt sein, daſs wir nur unmittelbare Bilder von den Dingen und Vorgängen machen sollen, wie die Wahrnehmung sie schafft? Aber die Sinne sind ganz und gar subjectiv und bedürfen der Zuthat und der Correctur durch den Geist, wie die Empiriker so gut erkannt haben (vergl. Zeitschr. f. Völkerpsych. II S. 474 f. 482). Diejenigen endlich, welche verlangen, man solle voraussetzungslos an die Sachen gehen und nichts hineinlegen, würde ich noch nicht einmal an die Neugeborenen weisen können, denselben die Aufgaben vorzulegen, weil zu fürchten steht, daſs auch diese schon mit Voraussetzungen aus dem Mutterleibe kommen. Wie sollte aber wohl ein Mann es anfangen, ohne metaphysische und logische Voraussetzungen, ja ohne Voraussetzung einer Fülle von Erkenntnissen, Grundsätzen und als fest angenommenen Thatsachen auch nur die geringfügigste, einfachste Aufgabe anzugreifen? Wie sollte er, wenn er Lust dazu hätte, es vermögen, alles was er im Voraus weiſs, zu vergessen und wirkungslos zu machen? Ich dagegen fordere, daſs jeder ausgerüstet mit wo möglich allen Ergebnissen der geistigen Entwicklung, welche die Menschheit durch die Jahrtausende hindurch erreicht hat, an die Arbeit gehe.

Nicht ohne Voraussetzungen lassen sich Forschungen anstellen; aber nur unter den richtigen Voraussetzungen werden sie zu wahren Ergebnissen führen. Um sich dieser zu versichern ist zuerst Klarheit über das Wesen des Denkens und Erkennens nöthig, welches durch das Studium der Psychologie und der Metaphysik und Logik zu erlangen ist. Unbewuſst nämlich macht das gemeine Bewuſstsein und auch der Empiriker über das wahre Wesen des Gegenstandes, des Objectiven, Voraussetzungen, unter denen er erkennt. Denn was bieten ihm wohl genau genommen die Sinne dar? Nichts weiter, als Complexe von Empfindungen, d. h. eine bestimmte Farbe und Gestalt nebst einem Grade der Härte oder Weiche, der Wärme oder Kälte, der Schwere oder Leichtigkeit, nebst einem Tone oder Schalle, einem Geruch, einem Geschmack; also mehrere Empfindungen auf einem Punkte, gewissermaßen ein Empfindungsknäul. Der Mensch aber wandelt das, was psychologisch zunächst nur ein Complex associirter Empfindungen ist, vermöge seiner logisch-metaphysischen Thätigkeit zu einem Dinge mit dessen Eigenschaften um. Ein Ding hat niemals ein Mensch wahrgenommen, sinnlich empfunden; sondern er hat nur einen Complex von Empfindungen so gedeutet, daß er ihnen in der Aufsenwelt ein Object zu Grunde legte und dieses als ein Ding mit Eigenschaften setzte. Und so setzt nun das gemeine Bewußstsein durchweg voraus, das All bestehe aus Dingen und Personen mit Eigenschaften und Wirksamkeiten. Ein entwickelteres, wissenschaftlich gebildetes Bewußstsein glaubt hiermit nicht die Wahrheit erreicht zu haben. Es setzt vielmehr, die wahre Realität liege in Stoffen und Kräften, in Ursachen und Wirkungen und Gesetzen, in Substanz mit Attributen und Accidenzen, oder in Wesen und Schein ($\varphi\acute{v}\sigma\epsilon\iota$ und $\nu\acute{o}\mu\varphi$), Ding an sich und Erscheinung, Idee und Verwirklichung, u. dgl. Niemand wird meinen, es sei möglich, ohne irgend solche Voraussetzungen zu erkennen. Wir fordern dann aber weiter, daß unser Denken die Form an sich trage, welche dessen Inhalt als den wahren und nothwendigen darstellt, daß das Denken, wie es den Inhalt, den es durch den psychisch-physischen Mechanismus gewinnt, aus seiner eigenen Thätigkeit ergänzt und deutet, so auch die mechanisch-psychologische Form durchbreche und aufhebe und dafür die seinem Streben nach Objectivität und Nothwendigkeit zusagende ausprägt; denn man muß dem Inhalte, der psychologisch nur eine individuell subjective Existenz hat, den Schein nehmen, als sei er auch nur von individuellem Werthe und zufällig, und muß ihn im Gegentheil durch die Form als einen allgemein gültigen, objectiven darstellen. Diese Form erhält der Inhalt durch die Formen des Urtheils, des Schlusses, des Begriffs. So nämlich erscheint der Inhalt nicht mehr als abhängig von den zufälligen Associationen und allen bloß mechanischen Ereignissen in unserem Bewußstsein, sondern als ein geprüfter und gebilligter, als ein mit Freiheit allgemein für nothwendig anzuerkennender. Jene Voraussetzungen sind Gegenstand der Metaphysik, diese Formen des Denkens lehrt die Logik (vergl. Lotze, Metaphysik und desselben Logik). Bildung und Vorsicht empfehlen solche Studien in gleicher Weise. Der Gebildete muſs von seinem Thun, zumal von seinem höchsten Thun, seinem Denken und Wissen, Rechenschaft haben; und leicht fällt man in Irrthümer, wenn man nicht das klare Bewuſstsein über die Momente hat, welche man wie jene metaphysischen und logischen Voraussetzungen, a priori in die Forschung eingreifen läſst.

Die theoretische Philosophie ist also Erkenntniſslehre oder allgemeine Principienlehre, d. h. ihr Gegenstand sind die allgemeinsten apriorischen Momente, welche in jede Erkenntniſs einflieſsen, ihnen zu Grunde liegen. Mit den metaphysischen Kategorieen aber und den logischen Denkformen sind eben auch nur die allgemeinsten apriorischen Grundlagen gegeben, mit welchen keineswegs der Kreis des relativ Apriorischen schon erschöpft ist. Den besonderen Disciplinen liegen die unmittelbaren Einzelheiten, die Erscheinungen der Wirklichkeit vor, um sie ins Allgemeine zu erheben; das Object soll zu begrifflicher Erkenntniſs gebracht werden. Zwischen den wirklichen Einzelheiten aber und den letzten Allgemeinheiten der Metaphysik und Logik herrscht ein viel zu weiter Abstand, als daſs sich jene mit diesen in fruchtbarer Weise vereinen lieſsen. Metaphysik und Logik geben die Gesichtspunkte für die Erkenntniſs jedes Dinges; und darum genügen sie zur Erkenntniſs keines Dinges. Es ist also eine Vermittelung nöthig durch eine Leiter von Begriffen und Formen, welche das Allgemeinste stufenweise in das Besondere hinabführt und eben damit das Einzelne in die Höhen des Allgemeinen hebt. Innerhalb dieser vermittelnden Begriffe liegen für jede besondere Disciplin ihre wichtigsten Kategorieen, ihre eigenthümlichen Principien, ihre, wie Aristoteles sie nennt, οἰκεῖαι ἀρχαί. Die genaue Erörterung derselben bildet die allgemeinen Theile der besonderen Wissenschaften, oder, wie wir kurz in hergebrachter Weise sagen dürfen, die allgemeinen Disciplinen. Wenn z. B. die Metaphysik gelehrt hat, was Kraft ist: so hat die allgemeine Naturlehre erst noch näher zu bestimmen, was einer Naturkraft eigenthümlich ist, da wir ja auch von geistigen Kräften reden; und hat ferner zu zeigen, wie sich die unorganische Kraft von der organischen unterscheidet, und so tritt hier vorzüglich die Frage von der sogenannten Lebenskraft auf. Nächst dieser allgemeinen Naturlehre kann die Physik und Chemie mit der Physiologie immer noch als Principienlehre für die Wissenschaft von der Natur in ihren wirklichen Erscheinungsformen gelten, nämlich für Astronomie, Meteorologie, Geognosie, Mineralogie, Botanik und Zoologie. So wird das vor uns sich bewegende Thier, die vor uns duftende Pflanze auf mannichfaltigen Wegen über viele Stufen zu den metaphysischen Allgemeinheiten in Beziehung gesetzt. Nach der Reichhaltigkeit dieser Vermittelung wird der Werth der Erkenntniſs geschätzt. Sehen wir also, wie der Erkenntniſs der natürlichen Dinge eine weit ausgeführte Principienlehre dient: wo mag wohl der Philologie und Geschichte die ihrige gegeben sein? Hierauf kann die Antwort nur lauten: in der Psychologie. Dies nun möchte ich ein wenig weiter ausführen*).

Wie der Naturforscher die Gesammtheit der natürlichen Dinge auf ein Princip zurückführt, auf die Materie: so wird der Geist, d. h. das geschichtliche Leben der Menschheit, auf sein Princip zurückgeführt, d. i. die Seele. Wie dieser Dualismus von Materie und Seele auszugleichen ist, geht uns hier nichts an. Ob man ihn bestehen lassen will und die Einheit in dem persönlichen Gotte findet; oder ob man die Einheit dadurch erreicht, daſs man das Seelische auf die Materie, oder das Materielle auf ideale Realitäten zurückführt: darüber hat die Metaphysik zu entscheiden, und ihre Entscheidung berührt die Psychologie kaum irgendwie und ebenso wenig wie die Naturwissenschaften. Denn die Wissenschaft von der Seele ist durchaus eine Erfahrungswissenschaft und wird ebenso wenig wie ihre Schwester, die Wissenschaft von der Natur, durch die widerstreitenden Auffassungen der höchsten Principien seitens der Philosophen bedingt. Wie nämlich der Naturforscher unter Materie nur den Inbegriff der Gesetze versteht, denen gemäſs die materiellen Erscheinungen erfolgen: so bedeutet Seele für den Psychologen nur den Inbegriff der Gesetze, von welchen die geistigen Erscheinungen, die seelischen Ereignisse gelenkt werden. Seele heiſst also für uns bei der vorliegenden Betrachtung nur dies: die psychischen Gesetze sind einerseits das Real-Princip der geistigen Erscheinungen, welche Object der Geschichte sind, und andrerseits das Erkenntniſs-Princip der Geschichte. Die Gesetze aber,

---

*) Vergl. Zeitschr. f. Völkerpsych. und Sprachwissensch. I. S. 15—19.

welche sie aufstellt, bleiben dem Inhalte nach durchaus dieselben, ob man sie nun als Gesetze gewisser Gehirn-Functionen oder als Gesetze einer immateriellen Seelen-Substanz ansehen will.

Ist nun das bisher ganz im Allgemeinen Bemerkte so einfach, so klar und sicher, wie es mir scheint: dann ist auch kein Wort weiter nöthig über die Wichtigkeit des psychologischen Studiums für den Historiker und Philologen. Dasselbe liegt ihm weit näher, ist ihm dringlicher, als Logik und Metaphysik. Denn die Psychologie ist für die Geschichte die specielle Principien-Lehre; Logik und Metaphysik dagegen behandeln die gleichmäfsige Grundlage alles Denkens. Nicht diese also, nur jene erklärt dem Historiker das ihm eigenthümliche Rüstzeug. Ein richtiger Takt kann freilich jeden Irrthum meiden; er schreitet mit geschlossenen Augen über die schmale Brücke eines Abgrundes leicht und sicher dahin. Dies zugestanden, halte ich es doch für überflüssig, vor Ihnen den Werth eines kritischen Selbstbewustseins zu erörtern. Es ist menschlich, d. h. es ist Bildung, dafs man wisse, was man thut; und die Kritik fordert noch besonders, dafs man wisse, welches Wesens die angesetzten Hebel sind, und wie weit ihre Tragkraft reicht.

Dagegen mag es wohl zur Aufklärung und Annäherung dienen, meine Herren, wenn ich einige wichtige Punkte mit Bezug darauf beleuchte, wie die Psychologie vortheilhaft für die Geschichte werden kann.

Die Sprache hat immer und überall als die umfassendste, tiefste und zarteste Vorlage des Philologen gegolten. Dafs sie aber nicht durch Logik und Metaphysik, sondern nur auf Grundlage der Psychologie zu erforschen ist, habe ich schon so vielfach dargelegt, dafs ich hierüber jetzt nichts mehr zu sagen brauche. Indessen scheint es nicht überflüssig, auf das Verhältnifs der Sprachwissenschaft zur Philologie zurückzukommen, da hierüber in neuester Zeit wieder sehr unklare Vorstellungen verbreitet worden sind, nachdem schon während eines Menschenalters eine richtigere Ansicht gegolten hatte. Mit dem Auftreten der neuen Sprachwissenschaft wurde es eben als die neue Entdeckung, als der neue Fortschritt verkündet, die Grammatik sei eine geschichtliche Wissenschaft, die Sprache sei nicht ein todtes Object, sondern ein Moment des geschichtlichen Geistes. Und gerade darauf, dafs die Sprache historisch ist, gründet sich die Behauptung, dafs sie ein psychologisches Object ist. Aus der sogenannten jüngern Schule der vergleichenden Grammatik, die sich vorzugsweise der Kritik rühmt (während sie freilich oft genug ihr mangelhaftes Bewufstsein von den apriorischen Elementen, mit denen sie operirt, also eine mangelhafte kritische Grundlage verräth), gerade aus ihr erschallte die wunderliche Parole: die Sprachwissenschaft ist eine naturhistorische Disciplin, und die Sprache ein Naturorganismus. Den Fehler, der in Beckers Formalismus versteckt lag, den schreibt sie auf ihre Fahne. Man meint (Schleicher, die deutsche Sprache S. 118): „Von der Sprachwissenschaft oder der Glottik ($\gamma\lambda\tilde{\omega}\tau\tau\alpha$, die Zunge, Sprache) zu scheiden ist vor allem die Sprachphilosophie, die Lehre von der Idee der Sprache, eben so wie von den Naturwissenschaften die Naturphilosophie. Die Sprachwissenschaft hat es unmittelbar mit der Sprache selbst zu thun; das Object der Sprachwissenschaft ist also ein concretes, reelles, nämlich die bestimmten gegebenen Sprachen, das der Sprachphilosophie dagegen ein abstractes, ideelles. Die Sprachphilosophie gehört also einer ganz andern Sphäre geistiger Thätigkeit an als die Sprachwissenschaft; sie bildet nicht einen Theil der letztern, sondern gehört zur Philosophie". In diesen Worten des Glottikers (empirischen Sprachforschers) liegt der oben abgewiesene Dualismus klar ausgeprägt. Hier braucht er nun nicht mehr bekämpft zu werden, wie sich andrerseits aus dem Obigen auch schon ergibt, was uns eine Disciplin wie Sprachphilosophie oder allgemeine Sprachwissenschaft sein kann. Sie soll die speciellen Principien für die Erforschung der Sprachen aufklären. Die eigentliche Philosophie wird von ihr mit ihren höchsten Spitzen berührt, während ihre Wurzeln sich weit unter den Thatsachen ausbreiten. Ihr Object ist nicht abstract und ideell, sondern die concrete Thätigkeit des Sprechens, nur mit Absehung von den nationellen Modificationen dieser Thätigkeit, nach ihrer allgemeinen, überall und immer wesentlich gleichen Natur. Wie alle jene allgemeinen Disciplinen, deren Aufgabe ja die Vermittlung der Philosophie mit der Erfassung des gegebenen Einzelnen ist, kann sie weder nach der einen noch nach der andern Seite hin streng abgegrenzt, geschieden werden; indessen gehört sie doch einerseits so entschieden nicht mehr der reinen Philosophie an und ist andrerseits so sehr schon auf die Einzelheit hin gerichtet, dafs, will man sie mit dem einen der angrenzenden Gebiete zusammenfassen, sie nur mit der Sprachforschung überhaupt angemessener Weise verbunden werden kann. Auch wüſste ich nicht zu sagen, welche Aufgaben der Glottiker von sich ab- und der Sprachphilosophie zuweist, da er sich hierüber nicht äuſsert. Aber selbst jeder Vermuthung muſs ich mich enthalten, da ich von ihm höre (S. 122): „Sprachwissenschaft oder Glottik ist die wissenschaftliche Erfassung und Darstellung*) der Sprache, d. h. des sprachlichen Organismus im allgemeinen und des Organismus einer jeden einzelnen gegebenen Sprache oder Sprachgruppe. Demnach zerfällt sie in die allgemeine und in die specielle Grammatik". Da also „der sprachliche Organismus im allgemeinen" doch auch der Glottik als Gegenstand zufallen soll, so bin ich unfähig, zu rathen, was nach Ansicht des Glottikers „die Lehre von der Idee der Sprache" zu lehren hat.

Nachdem sich der Glottiker von der Sprachphilosophie geschieden hat (wir haben gesehen, wie), scheidet er sich auch von der Philologie. Diese ist, sagt er, „eine historische Disciplin. Die Sprachwissenschaft dagegen ist keine historische, sondern eine naturhistorische Disciplin". Wir wollen uns von der Paradoxie dieser letzteren Behauptung nicht abschrecken lassen und ihre Begründung genau prüfen. „Object der Sprachwissenschaft, lautet ein Grund, ist nicht das geistige Völkerleben, die Geschichte (im weitesten Sinne), sondern die Sprache allein." Gehört denn aber nicht die Sprache zum geistigen Völkerleben? und wird also nicht die Disciplin, welche die Sprache zum Object hat, ein Glied der umfassenden Geschichtswissenschaft d. h. der Philologie sein? Nein, der Glottiker setzt Sprache und Geschichte als zwei verschiedene Momente. „In Sprachbildung und Geschichte, meint er (S. 36), offenbart sich das Wesen des Menschen und das jedes Völkerstammes insbesondere. Diese besonderen Offenbarungsweisen nennt man Nationalitäten; Sprache und Geschichte eines Volkes zusammen geben den Begriff seiner Nationalität." Und, fragen wir, was soll denn wohl zu solcher Stellung der Sprache neben der Geschichte berechtigen? — Die Thatsache allein, daſs die Ausbildung der sprachlichen Lautform vor aller Geschichte liegt, in historischer Zeit dagegen sich nirgends eine Entwickelung, eine Weiterbildung der

---

*) „Darstellung" ist niemals Aufgabe der Wissenschaft, sondern immer nur erst eine zweite, der Erkenntniſs folgende Thätigkeit.

sprachlichen Form zeigt, sondern nur das Schauspiel sprachlichen Verfalles darbeut (das. S. 34ff.). Ja, Sprache und Geschichte bilden einen entschiedenen Gegensatz: „Sprachbildung und Geschichte sind sich ablösende Thätigkeiten des Menschen, zwei Offenbarungsweisen seines Wesens, die nie zugleich stattfinden, sondern von denen stets die erstere der zweiten vorausgeht." Dies folgt aber daraus, „daſs Völker mit unfertigen Sprachen unmöglich geschichtlich sein können, daſs das geschichtliche Leben die Sprache voraussetzt, daſs der Mensch nicht zugleich Sprache schaffend, mit seinem Geiste an den Leib gebunden, die Sprache als Zweck seiner unbewuſst vor sich gehenden Geistesthätigkeit habend und geistig frei, selbstbewuſst wollend, der Sprache sich nur als Mittel der Kundgebung seiner geistigen Thätigkeit bedienend sein kann." Aber fällt nicht auch die Entstehung und Ausbildung der Mythen in die vorgeschichtlichen Perioden des Lebens der Völker? nicht auch Sitte und Glaube, Einrichtung des Hauses und des häuslichen Lebens? Oder sind das keine Offenbarungsweisen des Nationalgeistes? gehören sie nicht in die Philologie, die Geschichte? Und wenn wir in den Zeiten der Geschichte die Sprachen nur verfallen sehen, verhält es sich mit den genannten geistigen Momenten nicht ganz eben so? Wie zerfressend wirkt das geschichtliche Bewuſstsein auf den altväterlichen Glauben mit dessen Sagen, Sitten und Gewohnheiten, auf die Volkspoesie zumal, ja, wie oft genug bemerkt ist, auf alle Poesie! — Ist denn aber auch die Thatsache, so allgemein hingestellt oder in solchem Umfange, wirklich richtig? Ist es nur die Geschichte, welche zerstörend auf die Sprache wirkt, und verfallen die Sprachen nie in vorgeschichtlicher Zeit? Es ist ja im Gegentheil unleugbare und klare Thatsache, daſs die deutsche, auch die lateinische und griechische, die celtische und jede, selbst das Sanskrit nicht ausgenommen, schon in vorgeschichtlicher Zeit mannichfache Einbuſſen an Wörtern und Formen und am Volllaut der Formen erlitten hat. Und andrerseits übt die Geschichte, die Bildung, besonders durch die Schrift, häufig eine conservirende Kraft aus, während Volksdialekte verwildern.

Es lasse sich sogar, sagt Schleicher weiter, „objectiv nachweisen, daſs Geschichte und Sprachentwicklung in umgekehrtem Verhältnisse zu einander stehen. Je reicher und gewaltiger die Geschichte, desto rascher der Sprachverfall; je ärmer, je langsamer und träger verlaufend jene, desto treuer erhält sich die

Sprache. Von allen deutschen Sprachen ist die englische diejenige, welche in Laut und Form die stärksten Einbufsen erlitten hat, die isländische diejenige, welche die alten Laute und Formen am treuesten bewahrt." Aehnlich sei das Hebräische schon um 500 a. Chr. viel ärmer in Form und Laut als das Arabische 500 p. Chr., weil die Israeliten eine viel reichere Geschichte als die Araber vor Muhammed hatten; „und zur Zeit da die Griechen begannen, ihre schon vielfach vom alten abgewichene Sprache zu schreiben, redeten die Inder eine dem ältesten Stande des Indogermanischen noch sehr nahe stehende Sprache". Ist dieses Verhältnifs zwischen Sprache und Geschichte wirklich so schlagend? Hatten die Osseten, Kurden, Afghanen, Zigeuner und heutigen Hindus eine so gewaltige, reiche Geschichte, wie ihre Sprache verfallen und herabgekommen ist? Ist die Geschichte der Engländer um so viel reicher denn die der Deutschen, als die englische Sprache ärmer ist als die deutsche? In welcher Form ich aber nach Schleichers Sinne die geschichtlichen und die sprachlichen Verhältnisse der Griechen und Deutschen einander gegenüber stellen soll, weifs ich kaum. Nur so viel liegt auf der Hand: welche Geschichte hatte der Grieche der römischen Zeit hinter sich! und doch stand seine Sprache derjenigen, welche das hellenische Volk beim Beginne seiner Geschichte sprach, noch um vieles näher, als unser Deutsch dem karolingischen.

Gesetzt aber endlich auch, jene Thatsache, dafs die Sprachformen sich vor der Geschichte bilden und in der Geschichte verfallen, sei wahr, folgt daraus, dafs die Sprache ein Naturobject sein müsse? Um wie viel tiefer als jetzt Schleicher hat Jacob Grimm schon längst über den Verfall der Sprachformen bei innerer Bereicherung in geschichtlicher Zeit sich ausgelassen!

Der Glottiker behauptet (S. 118), das Object der Sprachwissenschaft sei „nicht die freie Geistesthätigkeit (die Geschichte), sondern die von der Natur gegebene, unabänderlichen Bildungsgesetzen unterworfene Sprache, deren Beschaffenheit eben so sehr aufserhalb der Willensbestimmung des Einzelnen liegt, als es z. B. der Nachtigall unmöglich ist, ihren Gesang zu ändern, d. h. das Object der Glottik ist ein Naturorganismus". Es ist nicht selten, dafs ein gedankenlos festgehaltenes Vorurtheil sich auf die Thatsachen beruft, durch die es am schlagendsten widerlegt wird. So mag sich der Glottiker von Jacob Grimm (Ueber den Ursprung der Sprache) sagen lassen, wie sich die Sprache von allem Geschrei und Gesang der Thiere unterscheidet. Der Gesang der Nachtigall bleibt von jeder Geschichte unberührt, und so bleibt es die Natur überhaupt. Denn man wird es wohl nicht geschichtliche Berührung nennen, wenn die Natur theils ganz passiv das Gepräge aufnimmt, das ihr der Mensch aufdrückt, theils eben so passiv als Stoff zu seinen Zwecken dient. Wieviel sich auch über die Veränderung sagen läfst, welche das zahme Schaf im Gegensatze zum wilden erfahren hat, über die Verbreitung, die es heute erlangt hat: hat das Schaf eine Geschichte? hat der Kaffee, die Baumwolle eine Geschichte? Dagegen steht die Sprache in Wechselverkehr mit allen Momenten des geschichtlichen geistigen Lebens, gibt ihnen und erhält von ihnen und bekundet sich dadurch als Moment des Geistes. Sie ist keineswegs „von der Natur gegeben", wie der Glottiker mit den Epikureern behauptet (wogegen schon Heyse, System der Sprachw. §. 21—23); und wenn sie „unabänderlichen Bildungsgesetzen" unterworfen ist, so sind dies keine physiologischen; und wenn endlich die Sprachformen und ihre Geschicke „aufserhalb der Willensbestimmung des Einzelnen liegen", so sind auch Sitte und allgemeiner Glaube und Vorurtheil eben so sehr dem Einzelnen gegenüber eine unüberwindliche Macht. Für seine Person kann er sich dieser theilweise entziehen; so kann er auch seine Sprache wechseln. Es ist hier aber nicht der Ort, und überhaupt nicht nöthig, ausführlich zu erweisen (denn es ist längst allgemein anerkannt), dafs der Gang der Geschichte „aufserhalb der Willensbestimmung des Einzelnen" liegt.

Kurz: durchweg zeigt die Sprache geistiges Wesen und in keinem Punkte hat man in ihr Naturbestimmtheit nachgewiesen.

Der Sprachwissenschaft, das ist richtig, „ist die Sprache Selbstzweck" (S. 119). Der Philologie aber etwa nicht? Ueber den ehemaligen Irrthum, als wäre die Sprache dem Philologen nur Mittel, ist heute jeder Philologe hinaus. Der Glottiker selbst gesteht, die Sprache sei „dadurch auch Object der Philologie, dafs in ihr und durch sie das geistige Leben der Völker zur Erscheinung kommt" (das.). Betrachtet denn die Glottik die Sprache nicht inwiefern in ihr und durch sie das geistige Leben der Völker zur Erscheinung kommt? Dann kann sie dem Vorwurfe der Geistlosigkeit schwerlich entgehen. Es ist richtig, dafs der Philologe sich „vorzüglich an Syntax und Styl halten wird", der Glottiker nur die Laute und Formen der Sprache betrachtet: dies ist richtig als Thatsache. Nur darf über solcher Thatsache, einer Folge der Beschränktheit menschlicher Individualität, die Forderung der Idee nicht übersehen werden; noch auch folgt daraus, daſs „die Art, wie der Philologe die Sprache erfaſst, eine von der Auffassung des Sprachforschers grundverschiedene ist". Nur eine Theilung der Arbeit liegt vor.

Freilich aber (und leider!) ist die Glottik nicht Sprachwissenschaft. „Den Philologen geht der Gebrauch an, der von der Sprache gemacht wird, den Glottiker nur der Organismus". Aber der Gebrauch der Sprache, ist er nicht ihre Entelechie, ihr Leben? Der Glottiker betrachtet also bloſs den Organismus und nicht dessen Leben, d. h. den todten Leib der Sprache; er secirt den Cadaver. Er kennt weder die Wirksamkeit der organischen Formen, „die Function und die Syntax" (das.), noch auch begreift er die Entstehung dieser Formen; denn diese Organe des Lebens sind ja zugleich erst Erzeugnisse des Lebens, also müssen die Organe aus dem Leben begriffen werden. Selbst in der Naturwissenschaft verdanken Anatomie, Morphologie, Physiologie, Embryogonie, Paläontologie nur der nothwendigen Theilung der Arbeit ihr gesondertes Dasein; der echte wissenschaftliche Sinn wird und muſs sie immer zusammenhalten, in einander bringen. Für die Sprache aber fallen die Rücksichten, wonach jene Disciplinen unterschieden sind, zusammen. Indem die Grammatik das Wesen der Sprache erforscht, hat sie für ihr Object nothwendig alles das zu leisten, was jene Disciplinen für die organischen Naturwesen, und zwar leistet sie dies, wenn und insoweit sie überhaupt ihre Aufgabe erfüllt, mit einem Schlage; Formen, Gesetze, Leben, Geschichte und Ursprung der Sprache lehrt sie mit einem Male (Grammatik und Psychologie §. 85). Es ist ein Menschenalter her, daſs Wilhelm von Humboldt darauf drang, die Sprache dürfe nicht als ein Erzeugtes, ein Werk, *ergon*, sondern müsse als eine Thätigkeit, *energeia* angesehen werden; und immer noch versteht man nicht, was das heiſst. Der Glottiker verfolgt mit Behagen den Verwesungsproceſs; was Wunder, daſs der Philolog sich vor solchem Geruche zurückzieht und sich des Dufts und der Farbe und der Form der Classiker freut.

„Der Glottiker ist Naturforscher". Nein, der Naturforscher dankt bestens für solche Gesellschaft. Wir sehen hier wieder in auffallender Weise, wie sehr ein Vorurtheil verblendet. Schleicher (Darwins Theorie und die Sprachwissenschaft) glaubt sich in vollster Uebereinstimmung mit Darwins Betrachtungsweise, der sich auch Schleiden anschliefst. Dieser fafst die Theorie des englischen Geologen in folgenden Worten zusammen: „Alle Organismen auf der Erde, Pflanzen wie Thiere, Untergegangene und Lebende, hängen als eine einzige grofse Familie durch naturgemäfse Abstammung untereinander zusammen". „Aus der einfachsten Grundlage, aus einer noch unvollkommenen Zelle entstand allmählich die grofse Zahl gleichfalls noch unvollkommener, einfacher und niedriger Organismen im Thier- und Pflanzenreich nach den sehr verschiedenen Lebensbedingungen, die ihnen von den verschiedenen Oertlichkeiten dargeboten wurden; so entstanden nach und nach die entwikkelteren Formen, den mehr und mehr sich verwickelnden äufseren Verhältnissen entsprechend, und so gingen auch bestehende Formen unter, während ihre Nachkommen in immer mehr veränderten neuen Formen fortdauerten, in demselben Mafse, wie sich allmählich durch die geologischen Veränderungen auf der Erde die Wohnstätte des Lebendigen und somit die Lebensbedingungen änderten." „Man mufs hierbei die Zeit als wesentlichen Factor nicht aufser Acht lassen." Was geht also hier vor? Darwin und Schleiden wollen die bisherige Naturbeschreibung, welche ein unveränderliches Dasein zum Gegenstande hatte, zur Darstellung einer Entwickelung der Natur in der Zeit, d. h. zur Geschichte machen. Ein solches Unternehmen, es mag gelingen oder nicht, ja, es mag sich als berechtigt erweisen oder nicht, verdient die höchste Theilnahme aller Gebildeten. Was hat aber der Glottiker von ihnen gelernt? Die Glottik hat die Sippen der Sprachen zu ordnen und ist „descriptiv" (S. 123), und also „theilt sie im wesentlichen ihre Methode mit der Naturwissenschaft überhaupt"! Nachdem sich die Glottik zur descriptiven naturhistorischen Disciplin herabgesetzt hat, erkennt sie auch jetzt ihre Schwäche noch nicht, da sich die Naturwissenschaft zur Geschichte erhöht!*)

Und soll ich mich nun noch auf die Behauptung einlassen, die Sprachwissenschaft sei darum eine Naturwissenschaft, weil

---

*) Uebrigens enthalte ich mich des Urtheils über Darwins Theorie, ich nehme sie weder an, noch weise ich sie ab, sondern erwarte die Entscheidung der Naturforscher.

eine Beobachtungswissenschaft? und soll ich auf das Gerede gegen apriorische Construction und für Beobachtung der Thatsachen eingehen? Als wenn Beobachtung den Naturwissenschaften eigenthümlich wäre! als wenn nicht die Philologen ihre Observationes gemacht hätten! als wenn sich der Glottiker in Bezug auf subtile Beobachtung mit Herodian messen könnte! Und warum hat Herodians mit gröfster Akribie gemachte Beobachtung dennoch keine wahre Grammatik erzeugt? warum war diese den Bopps und Grimms aufbewahrt? In wie fern dies von apriorischen Momenten abhängig war, das kann ich dem Glottiker freilich nicht zeigen; denn er hat sich von der Sprachphilosophie geschieden *).

Auch Max Müller (Vorlesungen über die Wissenschaft der Sprache, übersetzt von Böttger) will die Sprachwissenschaft zu den Naturwissenschaften gezählt wissen. Sein erster Grund ist, „dafs, wenn schon die Sprache einen beständigen Wechsel zeigt, der Mensch dennoch nicht die Macht besitzt, denselben hervorzubringen oder zu verhüten." (S. 34). Müller gesteht zu (S. 38): „Die Sprache kann nicht durch sich selbst bestehen: sie verlangt einen Boden, um darauf zu wachsen, und dieser Boden ist der Menschengeist" — mehr verlange ich vorläufig nicht, um daraus zu schliefsen: also kann die Sprachwissenschaft nicht in den Kreis der Naturwissenschaft gehören; und hiermit ist Müller genügend widerlegt. Er wehrt uns aber, die Sprachwissenschaft zur geschichtlichen zu machen, indem er über das Wachsthum der Sprache folgendes bemerkt. Es seien in demselben zwei Vorgänge zu beachten. Der eine ist der phonetische Verfall, durch den „nicht nur die Form, sondern die ganze Natur der Sprache zerstört wird." Nämlich: „In der Sprache hatte ursprünglich Alles eine Bedeutung." Ihr Zweck ist ja kein andrer, „als unsere Gedanken auszudrücken", und so konnte sie „weder mehr noch weniger enthalten, als was zu diesem Zweck erforderlich ist"; und also dürfte man „mit keinem Theile derselben eine Aenderung vornehmen, ohne dessen eigentlichen Zweck zu vereiteln" (*without defeating its very purpose*). „Sobald sich also diese phonetische Corruption in

---

*) Ein andrer Grund, den Schleicher anführt, klingt zu spafshaft (Compendium der vergleichenden Gr. S. 1): „die Sprachen leben, wie alle Naturorganismen; sie handeln nicht, wie der Mensch, haben also auch keine Geschichte, wofern wir dieses Wort in seinem engern und eigentlichen Sinne fassen."

einer Sprache zeigt, hat auch die Sprache das verloren, was wir als den wesentlichen Charakter aller menschlichen Rede betrachteten, nämlich dafs jeder Theil derselben seine Bedeutung haben sollte." Weder wir noch der Grieche und Römer, noch der alte Hindu dachte daran, dafs z. B. das Zahlwort für zwanzig ursprünglich *zwei zehn* bedeutete, wie es denn aus *dwis dakati* corrumpirt ist oder gar aus *dwis dwakatatarka* $= 2 \times [2 \times ([1+3]+1)]$, wenn wir Bopps Analyse der Zahlwörter annehmen. „Die Sprache ist deshalb in ein neues Stadium eingetreten, sobald sie den Angriffen des phonetischen Wechsels weicht. Das Leben der Sprache erstarrt oder erlischt auch gänzlich in den Worten oder Wortheilen, welche die ersten Spuren dieser phonetischen Umbildung zeigen. Von nun an können solche Worte oder Wortheile allein noch künstlich durch Tradition aufrecht erhalten werden."

Diese phonetische Corruption ist nun auch der Quell der „sogenannten grammatischen Formen" (S. 41). Wie entstand z. B. der Plural? Die Sache ist kinderleicht zu begreifen. Man beachte nur, dafs man im Chinesischen sagt *žin* (*ž* = französ. *j*) Mensch; für Menschen aber im Plural *žin kiai* Mensch-Allheit. Der Fremde heifst *i*, die Classe *pei*, die Fremden *i pei*, eig. Fremden-Classe. So sagen auch wir Menschen-Geschlecht für Menschen, Christenheit (eig. Christen-Gesammtheit) für Christen. Sobald nun die phonetische Corruption mit ihren „Verheerungen angefangen hat, behalten die von ihr betroffenen Wortheile nur noch ein ihnen nach Uebereinkommen gewährtes, künstliches Dasein und schwinden zu grammatischen Endungen zusammen" (S. 42). Auf dieser corrupten Theorie von der Entstehung der grammatischen Formen beruht zugleich die morphologische Classification der Sprachen. Die Corruption nämlich ist 1) noch nicht eingetreten in den einsylbigen Sprachen; 2) sie hat die determinativen Wörter ergriffen, welche dadurch zu Endungen der Hauptwurzeln werden, in den agglutinirenden und polysynthetischen Sprachen; 3) sie hat auch die Hauptwurzel ergriffen in den flectirenden Sprachen. In der griechischen Sprache, welche die vollkommenste Grammatik hat, mufs wohl die Corruption am heftigsten gewüthet haben. Wenn Schleicher wenigstens für die vorgeschichtliche Zeit ein Wachsthum der Sprache erkennt und ihr Absterben erst mit der geschichtlichen Zeit beginnen läfst: so fängt nach Müller der Verwesungsproceſs schon mit der Entstehung grammatischer Formen in der Urzeit an; schon damals haben die Sprachen „den wesentlichen Charakter aller menschlichen Rede" verloren. Solche Theorie, welche die grammatische Form erst zu „sogenannten grammatischen Formen" herabsetzt, um sie zu erklären, richtet sich von selbst*). Daher sei hier nur ein Punkt hervorgehoben, der sowohl an sich der wichtigste ist, weil er der ganzen Ansicht zu Grunde liegt, und der zugleich auch für uns in psychologischer Rücksicht bedeutsam ist. Müller sagt: (S. 42) „Die Wörter leisten, so lange sie völlig verstanden und lebendig erhalten werden, der phonetischen Corruption Widerstand; aber sobald sie nur, so zu sagen, ihre Geistesgegenwart verlieren, stellt sich auch der phonetische Verfall ein". Die phonetische Corruption ist also nicht das Primäre; sondern sie ist abhängig von Verhältnissen des Bewuſstseins. Müllers Theorie bewegt sich also durchaus um die Oberfläche der Erscheinungen, ohne ihr Wesen, ihren Grund zu berühren. Eben darum aber erweist sie sich zugleich auch als nothwendig falsch. Betrachtet man die Sprache auch nur als ein ganz äuſserliches Mittel und Werkzeug: wie könnte wohl ein solches seinem Zwecke noch genügen, wenn seine „ganze Natur zerstört" ist!

Der zweite Vorgang, der neben der phonetischen Corruption das Wachsthum der Sprache ausmacht, ist die dialektische Wiedererzeugung. Hierunter wird bloſs verstanden, daſs neben dem literarisch ausgebildeten Dialekte eines Volkes, der vorzugsweise seine Sprache, seine Hochsprache, heiſst, immer viele Volksdialekte leben. Wird dann durch politische Ereignisse dieser literarische Dialekt weggeschwemmt, so zeigen sich die Volksdialekte noch lebendig und werden von neuem zu Schriftsprachen.

Also hat die Sprache keine Geschichte. Sie erfährt bloſs, wie die Erdrinde, allerlei „Modificationen, welche mit der Zeit durch fortwährend neue Combinationen gegebener Elemente stattfinden, und welche sich der regelmäſsigen Einwirkung freier

---

*) Wer meine „Charakteristik der hauptsächlichsten Typen des Sprachbaues" kennt, wird sich selbst sagen können, wie ich über Müllers Theorie von der Entstehung der grammatischen Formen denken muſs, wie auch von der morphologischen Classification und namentlich von dem Ungeheuer einer turanischen Sprachfamilie, welches die einsylbigen Sprachen Hinterindiens mit den finnischen und etlichen andern zusammen verschlingt.

Kräfte entziehen und schliefslich als das Resultat natürlicher Einflüsse erkannt werden können" (S. 63).

Wer in solcher Weise in der höher organisirten Sprache nichts als „verkrüppelte" Lautgebilde sieht, wer so jede Spur von Geist aus denselben schwinden läfst, der mag immerhin von dem Wunder, dem geheiligten Boden der Sprache reden, er mag diese *a vehicle or an organ of thought* (p. 23) nennen, es bleiben dies leere Phrasen*). Und damit will er „die Aufmerksamkeit der Philologen, Philosophen, Geschichtschreiber und Theologen" auf sich lenken!

Nach Müller sind Lateinisch und die romanischen Sprachen „nur verschiedene Perioden einer in ihrer Substanz**) sich gleichbleibenden Sprache" — von etwas anderm aufser der Substanz weifs Müller nichts. Er sagt: „Wenn wir nun das Italienische eine Tochter des Lateinischen nennen, so denken wir dabei nicht daran, dem Italienischen ein neues Lebensprincip beizulegen. Nicht ein einziges Wurzelelement wurde zur Bildung des Italienischen neu geschaffen" — und aufser den Lautelementen gibt es in der Sprache nichts! „Italienisch ist Lateinisch in einer neuen Form; Italienisch ist modernes Latein, oder Latein antikes Italienisch". Das ist eben so richtig, wie wenn jemand behauptet: wir mögen Fleisch oder Pflanzen essen, unsre Speise ist doch nur Erde und Mist.

Aus einer solchen Ansicht von der Sprache folgt allerdings, dafs „die Sprache Homers an sich kein gröfseres Interesse darbietet, als der Dialekt der Hottentotten" (S. 67). Aber was ist das für „eine wissenschaftliche Behandlung der menschlichen Rede", die in Homers Sprache nicht mehr findet, in ihr nicht Probleme höherer Art und gröfserer Anziehungskraft erkennt als in der des Hottentotten!

Hier wird auch der Ursprung der Sprache wichtig; denn vom Ursprunge jedes Dinges wird ja dessen Wesen bedingt. Nach Müller sind die Wurzeln der Sprache „das Werk der Natur" (S. 335). „Der Mensch war in seinem vollkommnen Urzustande nicht wie die Thiere allein mit dem Vermögen begabt, seine Empfindungen durch Interjectionen und seine Wahr-

---
*) Der Uebersetzer gibt *organ of thought* durch „Organ der Gedankenmittheilung" wieder — sehr gescheit!

**) Im Original (p. 56) *substantially*. Die Uebersetzung ist vom Verf. autorisirt.

nehmungen durch Onomatopoiie auszudrücken; er besafs auch das Vermögen, den vernünftigen Conceptionen seines Geistes einen besser, feiner articulirten Ausdruck zu geben. Dieses Vermögen hatte er nicht selbst herangebildet (*That faculty was not of his own making*). Es war ein Instinct, ein Instinct des Geistes, eben so unwiderstehlich, wie jeder andre Instinct. So weit als die Sprache Product jenes Instinctes ist, gehört sie dem Reiche der Natur an". Wie so dies? Was einem Instincte des Geistes entstammt, soll der Natur angehören? — Und was für ein Instinct war denn dies nun? „Das Vermögen, welches jeder Vorstellung, indem sie zum ersten Male durch das Gehirn drang (*thrilled*), einen lautlichen Ausdruck verlieh" (S. 332). Es ist „eine der menschlichen Natur inwohnende Kraft". Die ursprünglichsten Wurzeln „existiren, wie Plato sagen würde, durch die Natur; obgleich wir mit Plato hinzufügen sollten, dafs wir, wenn wir sagen durch die Natur, damit meinen durch göttliches Wirken" — d. h. obwohl hier der Ursprung der Sprache erklärt sein sollte, so bleibt er doch eben völlig unerklärt.

Bevor wir an unsre Darlegung des Verhältnisses der Sprachwissenschaft zur Geschichte gehen, können wir uns als Ergebnifs der vorausgeschickten Kritik dies merken. Müller weifs, dafs die Sprache weder der Natur entspriefst, noch ein Werk des freien Geistes ist; also gehört sie der Natur, schliefst er völlig unlogisch, weil er von dem was man geistigen Instinct nennen kann, gar keine klare Erkenntnifs hat. Wir werden also nur dies sagen: die Sprache gehört eben so wenig dem freien, in der Geschichte schöpferischen Geiste, als der Natur. Sie stammt aber auch nicht aus einem Dritten, einer Indifferenz und Grundlage von Natur und Geist. Sondern sie ist ganz und durchaus geistigen Wesens, ein Erzeugnifs des Geistes, aber unter eigenthümlichen Bedingungen hervorgebracht. Dies kann ich hier nicht ausführlich darlegen, und meine Theorie vom Ursprunge der Sprache läfst sich nicht, wie die Müllersche, in einem Satze ausdrücken. Auf Schleichers, allerdings, wie mir scheint, unerläfsliche Unterscheidung von geschichtlicher und vorgeschichtlicher Zeit werde ich sogleich kommen.

Ausgehen wollen wir von Böckhs Bestimmungen. Mit ihm setze ich — und ich halte jede weitere Begründung dieses Satzes für unnöthig — die Philologie sei die Erkenntnifs der geschichtlichen Entwicklung der Menschheit, die Wissenschaft von dem sich entwickelnden Geiste, kurz Philologie ist Geschichte. Bei jeder andern Annahme wird die Philologie entweder einseitig gefaſst, oder sie verliert ganz den Rang einer Wissenschaft und wird zur bloſsen Hülfsdisciplin*). So werde ich im Folgenden nur von Geschichte reden. Die Geschichte gliedert sich einerseits nach den Völkern, den äuſsern Trägern des Geistes in der Wirklichkeit, also in eine Geschichte der Griechen, der Deutschen u. s. w., andrerseits aber nach den innern Momenten des Geistes, und so zerfällt sie in eine Geschichte der Staatenbildung und der Verfassungen, des Handels und Privatlebens, der Kunst u. s. w. Es ist wohl klar, wie diese beiden Gliederungen, die nach verschiedener Richtung erfolgen, sich kreuzen. Indem nun in der einen aus einander geht, was in der andern zusammengefaſst wird, dort die Völker, hier die Momente des Geistes: so heben sich die beiden Theilungen einander auf, und es ergibt sich eben etwas, was man nicht so gut Theilung als Gliederung nennt, darum weil trotz der bestimmten Sonderung die Theile zusammen bleiben und nicht aufhören im Ganzen zu leben. Freilich wird hier eine Idee gezeichnet, der die Wirklichkeit nicht völlig entspricht, aber nachstrebt.

Dieses einfache Verhältniſs erschöpft indessen die Sache nicht, wie sich gerade, wenn wir das Gesagte auf die Sprach-

---

*) Mit der obigen Behauptung soll nicht etwa, ich möchte sagen: eine Drohung gegen den Philologen ausgesprochen werden; ich will ihn nicht dadurch zur Gleichstellung von Philologie und Geschichte zwingen, daſs ich ihm vorhalte, wenn er dieselbe nicht zugestehe, so werde sein wissenschaftliches Thun vom Range der Wissenschaft herabgesetzt werden. Noch weniger soll das Verdienst der Philologen auch nur im mindesten unterschätzt werden, weil zum Theil selbst die bedeutendsten nichts hervorgebracht haben, was eine historische Leistung genannt zu werden pflegt. Man vergesse nicht, daſs oben begriffliche Bestimmungen gegeben, aber nicht persönliche Werthe beurtheilt werden sollen. Die Stellung einer Disciplin im Systeme der Wissenschaft hängt lediglich von ihrem Begriff ab; der Werth persönlicher Thätigkeit aber wird nicht von dem bedingt, was, sondern wie man es treibt. Ich weiſs, daſs man sich hohe Verdienste erwerben kann, wenn man die geistigen Denkmäler der Vergangenheit und Berichte über früheres geistiges Leben derartig bearbeitet und verstehen lehrt, daſs sie nun erst einerseits als Quellen der Geschichte und andrerseits als Mittel zur Bildung dienen können. Solche Thätigkeit herabsetzen wollen, wäre thöricht, und man mag sie als eine philologische bezeichnen. Soll aber der Kreis der Wissenschaften ausgemessen werden, so könnte allerdings diese Philologie, soweit ich sehe, theils nur als Hülfsdisciplin der Geschichte untergeordnet werden, theils unter den praktischen Wissenschaften in der Pädagogik ihre Stelle finden. Von ihr konnte aber im Texte nicht die Rede sein, und über ihr Verhältniſs zur Sprachwissenschaft wäre dem oben Bemerkten gemäſs nur dies zu sagen, daſs sie die literarischen Denkmäler der Vergangenheit so bearbeitet, daſs der Sprachforscher in denselben getreue und richtig verstandene Quellen und Objecte seiner Wissenschaft erhält.

wissenschaft anwenden, am klarsten zeigt. Berücksichtigen wir nämlich die Gliederung nach Völkern, so kann füglich nur von drei Hauptzweigen der Geschichte die Rede sein, dem classischen, dem orientalischen und dem modernen. Die classische Geschichte ist die engste; sie umfaſst nur die Griechen und Römer. Die moderne zerfällt in zwei oder auch drei Unterabtheilungen: die germanische, romanische und auch noch die slavische Geschichte. Die orientalische umfaſst die Aegypter, die Semiten, die Perser und Inder und die Chinesen. Unselbständig und also mit dem einen oder dem andern der genannten Völker zu verbinden sind die Armenier, die Türken, die Tübeter und Mongolen, die dekhanischen und hinterindischen Völker; und eben so in Europa die Magyaren. Noch weiter läſst sich füglich die Geschichte wohl nicht ausdehnen. Sie umfaſst also noch nicht einmal sämmtliche Völker Asiens und Europas; denn auſserhalb ihres Bereichs bleiben tatarische Stämme und sämmtliche Völker im Norden dieser Erdtheile von Tungusien bis nach Lappland, die Celten, die Basken und die Albanesen, abgesehen von den untergegangenen Völkern. Die Sprachwissenschaft dagegen kann die Sprache keines Volkes der Erde von sich ausschlieſsen, auch nicht die der Eskimos und Buschmänner und der Bewohner der Freundschafts-Inseln u. s. w. u. s. w.*).

Kurz, wir erinnern uns, daſs es viele Völker, ein weit ausgedehntes menschliches Leben gibt, das einerseits nicht Gegenstand der Physiologie sein kann, weil es geistiges Leben ist, und das doch auch hinwiederum nicht Gegenstand der Geschichte ist, weil es keine Entwicklung zeigt. Geistiges Leben erstlich ist es; denn alle jene Völker sprechen, und Sprache ist Abstraction, Bildung von Artbegriffen, Gedankenformung, also Logik und Selbstbewuſstsein, wenn dies auch nur in den ersten Anfängen. Auch hat jedes Volk Religion, und ich erkläre kurzweg, daſs alle Reisenden, welche behaupten, Völker ohne eine solche angetroffen zu haben, in diesem Punkte schlecht beobachtet haben müssen. Auch haben alle Völker ein Familien-

---

*) Die Sprachen der wilden oder culturlosen Völker sind allerdings dem Sprachforscher in mannigfacher Hinsicht wichtig und anziehend. Einerseits lernt man hier einfachere Bewegungen und Verhältnisse der Vorstellungen kennen, und andrerseits stöſst man auf Feinheiten, auf geistige Blitze, die man hier nicht gesucht hätte. Aber wie dem Psychologen der gebildete Mann eine höhere, wichtigere Aufgabe bietet, als das naive Landkind: so dem Sprachforscher die Cultursprachen im Vergleich zu den ungebildeten.

eben, ich meine: noch in ganz anderer Weise, als auch Thiere twas Aehnliches haben. Und alle leben sie in einer gewissen 'orm staatlicher und geselliger Vereinigung, in einem gewissen 'erkehr. Wo dies in sehr niedrigem Grade der Fall ist, da ralten ungünstige äufsere Ursachen ob, die zu erkennen nicht chwer sein wird. Ueberall kennt der Mensch den Gebrauch les Feuers; überall arbeitet er mit Werkzeug. Wo immer also ler Mensch lebt, da ist auch geistiges Leben, welches der Physiologie entgeht. Aber, zweitens, was hätte wohl die Geschichte von jenen Völkern zu berichten? Nennen wir es Geschichte, dafs hier ein Flufs versandet, dort ein Strom sich ein neues Bett gräbt und das alte austrocknen läfst? dafs hier Boden vom Meere abgerissen, dort angeschwemmt wird? dafs sich bei einem Erdbeben ein Fels als Insel über die Fläche des Meeres erhebt? Ist es Geschichte, wenn ein Bienenschwarm davon zieht, wenn sich zwei Bienen-Königinnen bekämpfen, bis eine unterliegt? Und wenn wir dies nicht Geschichte nennen, ereignet sich bei jenen Völkern Bedeutsameres? Horden wandern hin und her aus Bedürfnifs oder Lust, vertilgen Stämme, auf die sie stofsen, oder vermischen sich mit ihnen und bleiben so bei ihnen oder ziehen sie mit sich fort. Sie lassen sich nieder nach längeren Wanderungen und nehmen das Leben wieder auf, das sie verlassen und gestört hatten. Sie gründen mehr oder weniger umfassende Herrschaften, die man wohl nicht Staaten nennen kann und die über kurz oder lang zersplittern und bedeutungslos verschwinden. Stämme einen sich, spalten sich und vereinigen sich wieder und sind in der Trennung und in der Verbindung immer dasselbe. Es ist ein unruhiges Dasein, ein Sein voll Freud und Leid; aber es wird nichts, was nicht schon gewesen wäre, es entsteht nichts Neues. Auch in der Natur liegt ja ein unaufhörliches Geschehen; Felsen zersplittern, Wasser strömen u. s. w. u. s. w.; fast überall auch ein Drängen organischer Triebe u. s. w. Aber nicht das Factum als diese Einzelheit und nicht dieses Individuum als solches und für sich ist das Werthvolle, sondern nur die hier verwirklichte Art, das verwirklichte Gesetz. Eben so bei jenen culturlosen Völkern. Sie haben einen Werth als Darstellung der Menschen-Art, als Wirklichkeit menschlich-psychischen Lebens; aber der einzelne Fall ist gleichgültig.

Es gibt also ein ungeschichtliches geistiges Leben: geistig

ist dieses Leben, weil es eine Bewegung geistiger Momente ist; aber ungeschichtlich, weil diese Bewegung, wie das Dasein der Natur ein blofser Kreislauf, eine ewige Wiederkehr desselben ist*), aber keine Erhöhung des Werthes geistiger Wirksamkeit. Die Erzeugnisse solches Lebens sind von kurzer Dauer und werden immer wieder neu erzeugt, und zwar so wie sie waren. Was hier geschieht, hat theils nur praktische Bedeutung, dient blofs der Erhaltung des Daseins und hat darum auch nur individuelle Geltung, aber keinen Anspruch auf allgemeine Anerkennung; theils ist es von allgemeiner Bedeutung, findet sich aber auch überall. Individuelles dagegen von allgemeinem Werthe, allgemeiner Inhalt in einzelner Gestalt, ist hier nicht zu finden, also nichts Einzelnes, das als solches durch eigenthümliche Bedeutsamkeit ewigen Andenkens werth wäre. Die Wissenschaft für das Leben dieser ungeschichtlichen Völker ist die Ethnologie. Die Sprachwissenschaft, indem sie die Sprachen aller Völker zusammenfafst, verbindet also nicht blofs die Geschichte der verschiedenen Völker, sondern setzt diese Verbindungslinie auch noch fort aus der Geschichte durch die Ethnologie hindurch.

Dies wird leicht Zustimmung finden; schwieriger ist Folgendes. Auch die Völker der Geschichte hatten einst eine Zeit

---

*) Mit dem Obigen soll natürlich nicht den Ergebnissen der Geologie und Paläontologie widersprochen werden, welche uns ein Werden, eine Geschichte der Erde und der auf ihr lebenden Wesen zeigen, ein allmähliches Hervortreten immer neuer und immer werthvollerer Gestaltungen. Es bedurfte nicht erst der Darwinschen Theorie um eine geschichtliche Auffassung in die Betrachtung der Natur zu tragen. Daneben aber behält doch diejenige Betrachtung für immer ihr Recht, welche die jetzt vorhandenen Arten als feste, unabänderliche Typen der Wesen ansieht, um deren Entstehung sie sich nicht bemüht, blofs auf die Erkenntnifs der Gesetze gerichtet, nach denen die unwandelbaren Arten leben. Und diese Betrachtung ist eben die ungeschichtliche, weil sie keinen Fortschritt, sondern nur ein Nebeneinander und einen Kreislauf erkennt. Wenn nun hier andrerseits für das Wesen der Geschichte ein Fortschritt vorausgesetzt wird, so leugne ich gar nicht, sondern hebe es bestimmt hervor, dafs die Geschichte einen teleologischen Charakter trägt; nur folgt hieraus gar nicht, dafs wir nun auch der Geschichte ein Endziel vorstecken müssen. Es handelt sich zuerst um Darstellung von geistigem Dasein, geistigem Leben, Streben und Genufs und Erfolg. Jede Periode dieses Daseins ruht aber auf einer vorangehenden, hebt sich aus dieser empor; und wie diese die Ursache jener, so ist jene das Ziel dieser. Zeiten der Behaglichkeit und des Glückes, wie die perikleische, werden wir gern blofs als Erfolg und Wirkung der Vergangenheit betrachten; die Zeiten des Verfalls und Elends aber müssen wir erstlich eben so als Folgen ansehen: nur ist hier zweitens die Forderung klar, zu erkennen, wie der Niedergang des Geistes nur die Vorbereitung für einen neuen Aufgang ist; solche Zeiten weisen über sich hinaus auf ein Höheres, ein Ziel, dem zugestrebt wird. (Vergl. meine Geschichte der Sprachw. bei den Griechen S. 267 ff. 380 ff.)

durchlebt, in der sie noch keine Geschichte hatten, noch keine Cultur. Auch die Griechen und die Römer, auch die Deutschen hatten ihre ungeschichtliche Zeit, welche für sie eine vorgeschichtliche ist, eine Zeit, wo sie streng genommen, nur erst als Gegenstand der Ethnologie erscheinen, als naiver Geist, und dennoch von höherer Bedeutung als die ungeschichtlichen Völker. — Man versteht unter „vorgeschichtlichen Zeiten" gewöhnlich nur die Zeiten, welche unserer geschichtlichen Kenntnifs vorangehen. Der Fortschritt der Geschichtswissenschaft besteht nun zum Theil auch darin, dafs wir Kunde gewinnen von Zeiten, von denen man vorher nichts wufste, dafs also die Grenze zwischen der geschichtlichen und vorgeschichtlichen Zeit immer tiefer in die Vergangenheit hinab, der Gegenwart immer ferner geschoben werde. So ist offenbar durch Entzifferung der Hieroglyphen und Keil-Inschriften die vorgeschichtliche Zeit tiefer hinabgerückt worden, als sie vor einem Menschen-Alter gesetzt werden mufste. Auch sonst ist durch mancherlei Combinationen eine gewisse Erkenntnifs von Zeiten gewonnen, die früher ganz in Dunkel lagen. Von diesem Sinne nun ist der verschieden, in welchem hier das Wort vorgeschichtlich genommen wird. Nicht unsere Kunde oder der Mangel an Kunde von ihr macht eine Zeit zur geschichtlichen oder ungeschichtlichen; sondern der Geist ist nach dem Inhalte und nach der Form seines Bewufstseins geschichtlich oder nicht, das Geschehene selbst trägt den Charakter der Geschichte oder nicht, es mag uns bekannt sein oder sich unserer Kenntnifs entziehen. Wie es heute noch Völker mit ungeschichtlichem Geiste gibt, so gab es neben den Griechen und Römern, neben den Persern ungeschichtliche Völker, z. B. die Germanen, wie neben den alten semitischen Cultur-Völkern und den Aegyptern die alten Griechen. Aber genauer und richtiger nennen wir jene alten Griechen und Deutsche nicht ungeschichtlich, sondern nur vorgeschichtlich. Denn schon jene unterschieden sich wesentlich von den ungeschichtlichen Völkern. In ihnen lag schon ein Keim zur Geschichte, der in jenen nicht liegt; d. h. sie besafsen in ihrem Bewufstsein und in der Einrichtung ihres Lebens schon die Bedingungen, aus denen sich unter günstigen Umständen die Geschichte erheben konnte.

Hier tritt uns nun die Frage entgegen: wann ist jedes der Culturvölker aus dem ungeschichtlichen Zustande in den geschichtlichen eingetreten? und wie unterscheidet man diese beiden? Es unterliegt keinem Zweifel, daſs die geschichtlichen Verhältnisse vielfach ihre Begründung in dem vorgeschichtlichen Zustande haben. Die spätere Staatenbildung und die politischen Verbindungen und Trennungen sind häufig durch Stammes-Eintheilung schon in vorhistorischer Zeit vorbereitet. Ja die Entstehung und der Charakter der Civilisation und Cultur eines Volkes wird wesentlich bedingt durch dessen vorgeschichtliche Zustände. Wenn auch die Begegnung mit andern Völkern und deren Einflüsse von höchster Wichtigkeit sind, so ist doch das Maſsgebende immer der Charakter des Volkes, wie er sich schon vorher gebildet hat. Es war freilich nicht gleichgültig für die deutschen Stämme, daſs sie auf römische Cultur stieſsen. Dieser Anstoſs, und er war ein sehr harter, scheint sogar durchaus nothwendig gewesen zu sein, um den Funken im deutschen Geiste zu wecken; doch bleibt immer das, was die Deutschen schon vorher waren, der Grund für das, was sie nun wurden. Man kann fragen, was geworden wäre, wenn die Deutschen den Muhammedanismus angenommen hätten? Man müſste nur vorher die Frage beantwortet haben, ob und besonders in welcher Weise und Form sie ihn hätten annehmen können. Ohne Weitläufigkeit läſst sich, denke ich, dies behaupten: auch als Muhammedaner würden sie keinen Harem errichtet haben. Aber die Festigkeit des nationalen Charakters schon in vorgeschichtlicher Zeit und dessen Wichtigkeit für die Gestaltung der folgenden Geschichte, sein wirksames Hineinreichen in die Geschichte selbst in höherem Grade zugestanden, als vielleicht Viele verlangen werden: so bleibt doch der Unterschied zwischen der geschichtlichen und vorgeschichtlichen Zeit eines Volkes als ein durchgreifender bestehen.

Bevor wir aber diesen zarten Punkt berühren, noch die Frage, welche geistigen Momente das geschichtliche Leben bewirken oder wenigstens theilen, und welche nicht? Oder nehmen sie alle an der Geschichte in gleicher Weise Theil?

Abgesehen davon, daſs es unwandelbare Gesetze für das Seelenleben gibt, welche für den gebildetsten Menschen eben so wohl Geltung haben als für den Wilden und selbst das Thier — abgesehen hiervon, muſs man behaupten, daſs sämmtliche Momente des Geistes von der geschichtlichen Bewegung ergriffen werden, und daſs, wie der Mensch in allem was er thut und was er lebt sich vom Thier unterscheidet: eben so wiederum der Cultur-Mensch gegen den naiven in jeder Lebens-Regung seine höhere Stufe offenbart. Er schaut anders an, er fühlt anders, er strebt und arbeitet anders — anders, sage ich, nicht blofs Anderes; denn das andre Object setzt auch eine andre Form und Weise der darauf bezüglichen Thätigkeit. Nicht die sinnlichste und gemeinste Verrichtung bleibt unergriffen von der in der geschichtlichen Entwicklung sich vollziehenden Vermenschlichung. Allerdings aber nehmen nicht alle Kreise des Lebens den gleichen Theil an der Geschichte. — Der Mensch steht erstlich der Natur gegenüber, in der, trotz der und vermittelst der er sich zu erhalten hat; aber zweitens nicht für sich allein steht er, sondern mit Vielen seines Gleichen, die eine Gesellschaft bilden, verbunden und verkehrend; drittens aber ist er ein selbstbewufstes Wesen. In allen drei Beziehungen macht sich der geschichtliche Fortschritt geltend, am wesentlichsten und in erster Linie aber in der dritten, also im Denken und Erkennen, und von hier aus mittelbar auch in den beiden andern, und alle drei stehen in Wechselwirkung. Urtheile über das was recht und was unrecht ist, was edel und würdig oder unedel und unwürdig — sie sind es, wodurch die Verhältnisse der Gesellung geregelt und erzeugt werden: der Fortschritt dieser Urtheile gestaltet, wie es ihm zusagt, die Einrichtung des geselligen Lebens um; und die immer tiefer eindringende immer mehr sich erweiternde Erkenntnifs der Natur fördert und erhöht die Arbeit. Die Anstrengung wird vermindert, und doch der Erfolg nicht nur sicherer, sondern auch umfassender, daher der Genufs gröfser, das Streben gesteigert, die Arbeit aber auch selbst (und das ist das Wichtigste) vergeistigt, veredelt, und durch alles dies das gesellige Band vielfacher verschlungen und fester, zarter und doch kräftiger. Sollte es nöthig sein, dies weiter auszuführen*)? Man denke an Essen und Trinken. Der wilde oder naive Mensch wird fern davon sein, wie das Thier blofs seinen Hunger zu stillen; aber erst Bildung bringt das volle ästhetische Interesse hinein und zieht fast in das geistige Leben was eigentlich und bei Uncultur vorzugsweise doch nur dem materiellen Bedürfnisse dient.

Sonach leuchtet ein, dafs der eigentliche Boden oder Fac-

---

*) Ich darf hier im Voraus auf einen Aufsatz meines Freundes Lazarus „über den moralischen Fortschritt in der Geschichte" verweisen, der in unserer Zeitschrift für Völkerpsych. u. Sprachw. erscheinen wird.

tor der Geschichte das Selbstbewufstsein ist. Daher wird sie sich auch in der Erkenntnifs, d. h. in der Wissenschaft, in der Kunst, in der Religion besonders klar zeigen; dann auch noch in den grofsen Formen des gesellschaftlichen Lebens, in der Einrichtung und in den Schicksalen der Staaten und Völker, in ihrem kriegerischen und friedlichen Verkehr, während sie in den Beziehungen innerhalb der engern Kreise, wie des Hauses und der Familie, des kleinen Handels und Handwerks und des ganz individuellen Lebens, nur in langsamern Schritten, weil nur mittelbar vorgeht. Dennoch fehlt ihr Fortschritt nirgends, wo Geist wirkt und lebt, und wird auch an den letztgenannten Punkten beim Vergleich weit auseinander liegender Perioden leicht sichtbar.

Ist nun das Selbstbewufstsein der Hebel der Geschichte, so ist es auch das unterscheidende Merkmal des geschichtlichen Geistes gegen den vor- und ungeschichtlichen. Man wird aber nicht erwarten dürfen, dafs sich jener gegen diesen in der Zeit scharf abgrenzt, oder dafs er sich durch eine bestimmte That oder eine plötzlich auftretende Eigenthümlichkeit mit einem Schlage bemerkbar mache. Es gibt Uebergänge zwischen Tag und Nacht, länger und kürzer währende Dämmerungen. Nur der Moment, wo die schon hoch am Himmel stehende Sonne der Geschichte die Nebel vollends zertheilt, mag sich bei dem einen oder andern Volke in einem für dessen Leben entscheidenden Factum nachweisen lassen. In diesem Sinne mag man z. B. behaupten, die Geschichte der Deutschen beginne mit Karl dem Grofsen. — Andrerseits ist auch selbstverstanden, dafs es Stufen des historischen Bewufstseins gibt, wobei es wichtig ist, Form und Inhalt wohl zu unterscheiden. Die Juden sind im 7. Jh. a. Chr., das wird wohl unbestritten sein, ein historisches Volk. Wie entschieden nun auch der prophetische Geist seinem Inhalte nach über dem griechischen des perikleischen Zeitalters steht, wie tief steht er andrerseits, von der rein logischen und psychologischen Form aus betrachtet, unter demselben! — Dennoch mufs sich, einige Schwankungen und Unsicherheiten zugestanden, wohl eine Scheidelinie zwischen Geschichte und Vorgeschichte ziehen lassen.

Wenn jeder Hund, der mit einem andern um einen Knochen kämpft, Selbstbewufstsein hat, so hat wohl jeder wilde Volksstamm als diese bestimmte Gemeinde ihr Selbstbewufstsein und mehr. Man weifs wie alle Völker ihre Sagen über den Beginn der Dinge, ihre Kosmogonie, haben und wie jedes Volk laut seiner Sage einen besonders ehrenvollen Ursprung hat. Jedes Volk hat auch sein Gemeingefühl, seine nationale Ehre oder Schmach. Doch möchte ich dies eben so wenig ein nationales Selbstbewußtsein nennen, wie ich dem Kinde und dem Ungebildeten ein persönliches Selbstbewußtsein zuschreibe. Ein Ueberblick des Nationalgeistes über die Welt, welche für die Nation ist, und das Bewußtsein von der Stellung, welche sie selbst in dieser Welt einnimmt, von der Geltung, die sie hier hat — ganz analog der Weise, wie ein Mann die Welt, in der er lebt, überschaut und sich selbst in ihr findet — und nach Innen ein bewußtes Streben nach erkannten Gütern der Civilisation, ein freies Setzen gewisser Ziele: solch ein Selbstbewußtsein macht ein Volk zum geschichtlichen und setzt eine Stufe geistiger Entwicklung voraus, welche die ungeschichtlichen Völker nie und selbst die geschichtlichen in vorgeschichtlicher Zeit nicht erreicht haben. Man denke hier beispielsweise an die Züge deutscher Schaaren nach Italien während der Völkerwanderung, an die Einfälle celtischer Horden in Italien und Griechenland und dagegen an die Züge der Ottonen nach Rom.

Da es keine substantielle Volksseele gibt, sondern der Träger des Volksgeistes nur die zum bestimmten Volke gehörenden Individuen sind: so muß die Verschiedenheit des Selbstbewußtseins des geschichtlichen Geistes gegen das Bewußtsein des ungeschichtlichen in dem Geiste des Individuum nachgewiesen werden, und zwar einerseits in den Verhältnissen des individuellen Bewußtseins an sich, und andrerseits in dem Verhalten der Individuen zu einander; beides aber steht in Wechselwirkung, und in beiden ist auch das Dritte gegeben, das nationale Gesammtbewußtsein, welches, obwohl von den Individuen getragen, doch über jedes hinübergreift und den Boden für die Entwickelung des Einzelnen darbietet. Höchst treffend bemerkt Waitz (Anthropologie I S. 388, aber kein Aufsatz unserer „Zeitschrift für Völkerpsychologie" dürfte den Verdacht einer andern Auffassung unsererseits begründen): „Was als die Begabung und Entwicklung eines Volkes erscheint, ist der Hauptsache nach bedingt von der Wechselwirkung der Individuen, deren jedes mit seinen speciellen Gaben in eine bestimmte Zeit und einem bestimmten Zustand der Gesellschaft als mitwirkender Factor eintritt, so daß dessen Wirksamkeit auf diese als Ganzes von der Art der Beziehungen, in die es zu andern Individuen tritt, ebenso wesentlich abhängt, als die Leistung jedes einzelnen Theiles einer complicirten Maschine für das Ganze, zu dem er gehört; und wie die Gesammtleistung der Maschine von der Weise der Zusammenfügung der Theile und ihres Ineinandergreifens hauptsächlich bestimmt wird, so wird es die Entwickelung eines Volkes durch die Art des Zusammentreffens gerade dieser so und so begabten Individuen mit diesen andern, mit diesem besondern Zustande der Gesellschaft, in dieser bestimmten Zeit und unter diesen besondern Umständen. Der Begriff eines Volkes erscheint aus diesem Gesichtspunkte nicht als ein Collectivbegriff, sondern als der Begriff einer zwar beständig wechselnden, aber durchaus speciell bestimmten Combination und Collocation von Individualitäten, von deren äusserst beweglichen äufseren und inneren Verhältnissen der Grad von Bildsamkeit und Veränderlichkeit abhängig ist, die man dem Volke als Ganzem beizulegen pflegt." (S. 387): „Es ist daher für das was man ein Volk nennt und für dessen Entwicklung nichts weniger als gleichgültig in welchen Combinationen zu gröfseren und kleineren Ganzen jene Individuen zusammen- und gegeneinanderwirken, welche Individuen untereinander in nähere, welche nur in entferntere Beziehungen treten und von welcher Art diese Beziehungen sind; denn von diesen Umständen hängt es ab, ob das was der Einzelne thut auf die Andern fortwirkt und in welcher Weise, ob die Gesellschaft der er angehört durch sein Thun nach irgend einer Seite hin bewegt wird, ob in weitern oder engeren Kreisen, ob vorwärts oder rückwärts *)". Diese Bemerkungen sind allerdings treffend; nur hat Waitz in dem Streben zu zeigen, dafs die Völker ursprünglich alle gleich begabt sind, und keine Race bevorzugt ist, ganz unnöthiger Weise die Macht der Gesammtheit des Volkes über den Geist des Einzelnen, und die Abhängigkeit des Letzteren vom Ganzen nicht nur in seiner Wirksamkeit auf dasselbe, sondern in seinem eigensten Sein, seiner eigenen Bildung und den wesentlichen Elementen seines Geistes, zu sehr zurücktreten lassen**). Die Gesellschaft trägt in sich Bedingungen nicht nur dafür, wie und inwie-

---

*) Eine ausführlichere Entwicklung dessen, was Waitz hier angedeutet hat, gibt Lazarus in unserer Zeitschr. f. Völkerpsych. und Sprachw. II. S. 393 — 453. III. S. 1 — 94, wo die Wirkung des Einzelnen auf die Gesammtheit und seine Abhängigkeit von ihr gleichmäfsig betont wird.
**) Die in der angeführten Stelle aus Waitz gesperrt gedruckten Wörter, sind von mir hervorgehoben worden, während Waitz die Individuen betont haben dürfte.

fern eines ihrer Glieder auf sie wirken kann, sondern auch dafür, was jeder Einzelne aus ihr an sich werden und was er thun kann. Ein Perikles, nach Rom versetzt, hätte dort nicht wie in Athen wirken können; aber in Rom hätte auch kein Perikles entstehen können; nur Athen nicht Rom oder Sparta konnte ihn erzeugen. Volk ist nicht nur kein blofser Collectiv-Begriff, sondern er ist auch mehr als eine „Combination und Collocation von Individualitäten", nämlich deswegen, weil diese Individualitäten Subjecte sind, welche sich selbst combiniren und collociren, sich gegenseitig appercipiren und dadurch einen Gesammtgeist bilden, den sie selbst über sich hinaussetzen, dem sie sich ihn erzeugend und tragend unterordnen. Dieser Gesammtgeist, die Combination, ist mächtiger und früher als die Individualitäten. Diese sind, was sie sind, nicht aus sich selbst und combiniren sich dann; sondern nur innerhalb der Gesammtheit und durch sie werden sie diese so oder anders begabten Persönlichkeiten*).

Wenn sich nun unter den Nationalgeistern drei Hauptunterschiede zeigen, ungeschichtliche, vorgeschichtliche und geschichtliche Völker: so müssen sich drei verschiedene Verhaltungsweisen der Individuen in den eben angegebenen drei Beziehungen nachweisen lassen. Von diesen ist die Beziehung der Individuen zu einander die wesentlichste, von der sowohl das Einzelbewufstsein für sich als das Gesammtbewufstsein bedingt wird.

Da hier Aufgaben nur bestimmt, nicht gelöst werden sollen, so mag nur Folgendes bemerkt werden. Der Unterschied erstlich zwischen den ungeschichtlichen und den vorgeschichtlichen Völkern ist geradezu derselbe wie zwischen Krankheit und Gesundheit. Die Naturverhältnisse und die das Leben selbst ausmachenden Thätigkeiten und Einrichtungen mögen wohl oft bei einem un- und einem vorgeschichtlichen Volke nahezu dieselben sein; aber weil dort nur ein oder ein anderes Element fehlt, oder auch weil diese Elemente nicht jedes in einem gewissen Grade der Kraft wirksam sind, und sich demgemäfs nicht gerade in einem gewissen Verhältnisse bestimmen, nicht in einer gewissen Form der Wechselwirkung stehen: so bildet sich hier eine Eiterung, während dort eine ununterbrochene Entwicklung, ein Fortschritt Statt hat**). Denn dies ist der Vorgeschichte

---

*) Vergl. Zeitschr. f. Völkerpsych. II. S. 418 f.
**) Ueber die Hauptbedingungen der Entwickelung der Cultur hat Waitz im letzten Abschnitt des ersten Bandes seiner Anthropologie mit Umsicht und Sorgfalt gehandelt.

mit der Geschichte im Gegensatze zum ungeschichtlichen Leben gemeinsam, daſs es sich in ihnen um individuelle Ereignisse von allgemein geltendem Werthe handelt. An dem, was sich hier begibt, ist uns nicht bloſs das allgemeine Gesetz wichtig, das sich hier verwirklicht; sondern auch die individuellere Weise dieser Verwirklichung, die besondere Gestaltung des allgemeinen Inhalts, denn in dieser Weise wird nicht bloſs das Allgemeine wiederholt, sondern erhöht: und das ist Fortschritt. Das sicherste Merkmal des Geschichtlichen gegen Natur und ungeschichtlichen Geist scheint mir darin zu liegen, daſs uns jenes allemal ein Individuelles darbietet, das an sich selbst allgemein ist, ein Individuum, das den Werth der Art beansprucht und sich selbst seine Norm gibt. Denn die Wissenschaft hat es nur mit Artbegriffen, mit Allgemeinem zu thun; die Geschichte mit Einzelnem. Die Geschichte ist aber darum Wissenschaft, weil ihr Einzelnes *sui generis* ist, in sich allein eine Gattung vertritt; und was wir endlich classisch nennen ist das, was in individuellster Form den umfassendsten Inhalt in sich trägt.

Wenn ich hier von ungeschichtlichen Völkern rede, unter denen die afrikanischen (mit Ausnahme der Aegypter, die aus Asien stammen) und amerikanischen Racen, die Malaien und auch die Mongolen (die Chinesen ausgenommen) also der gröſste Theil der Menschheit begriffen werden: so will ich damit nicht behaupten, daſs diese Völker absolut unfähig wären, zu geschichtlichem Leben zu gelangen. Nur ihre relative Unfähigkeit behaupte ich; d. h. während die vorhistorischen Völker nur der günstigen Veranlassung harren, um in die Geschichte einzutreten und auf der Bühne der Menschheit eine Rolle zu spielen: fehlt den ungeschichtlichen Völkern zu solchem Eintritt noch so viel, daſs zuvor die ganze Verfassung ihres Lebens und Seins umgestaltet werden muſs. Durch vielfältige Mischung müſsten erst ganz neue Völker, neue günstigere Combinationen entstehen, die auch in glückliche Naturverhältnisse gerathen. Kurz, sie müſsten aus ihrer Krankheit erst zur Gesundheit gelangen. Das klarste Moment ist wohl die Sprache. Ich möchte behaupten, ein Volk mit einer indogermanischen Sprache, das nicht in der Wüste oder Steppe oder am Eismeer wohnt, sei immer, wenn nicht historisch, vorgeschichtlich. Dagegen kann ein Volk mit einer mongolischen (altaischen) Sprache nicht leicht wahrhaft geschichtlich werden. Oder sind es etwa die Osmanen geworden?

Was aber zweitens den Unterschied zwischen dem vorgeschichtlichen und dem geschichtlichen Leben betrifft, so sei nur hervorgehoben eine immer mannichfaltigere Gliederung und immer bestimmtere Formung der Verhältnisse, fortschreitende Individualisirung bei Erhöhung des allgemeinen Gehalts; dadurch eine Vervielfältigung und Steigerung der Kräfte und Leistungen auf der geschichtlichen Seite gegen Einfachheit und Grobheit der Gliederung und darum massenhafte Anhäufung der Kräfte, die noch latent bleiben, weil es an Bahnen oder Formen der Wirksamkeit gebricht, auf der andern Seite. Hieraus erfolgt eine grofse Gleichheit der Individuen beim Mangel an Cultur, und dagegen immer bestimmtere Individualisirung der Einzelnen bei den Culturvölkern. Was sich schon bei letztern als Unterschied zwischen den niedern und höhern Ständen zeigt, die individuelle Bildung des Einzelnen, das gilt wiederum beim Vergleich der un- und vorgeschichtlichen Zeit mit der geschichtlichen. Hieraus ergibt sich wohl vielerlei[*]), wovon hier nur wenig angemerkt werde. — Wegen ihrer Gleichförmigkeit und geringen Gliederung hat die nicht oder noch nicht geschichtliche Volksmasse nur einen geringen Halt und Festigkeit. Sie zertheilt sich leicht. So ist sogar der Selbsterhaltungstrieb, die erste, niedrigste Form des Selbstbewufstseins, noch schwach. — Besonders wichtig aber ist Folgendes.

Cultur und Wildheit oder Naturwüchsigkeit bilden einen derartigen Gegensatz, dafs jemehr jene wächst, um so mehr alle Sinnlichkeit und alles unmittelbare Zusammenleben mit der Natur geschwächt wird. Cultur ist eben nach ihrer negativen Seite Aufhebung aller Naivität. Der un- und vorgeschichtliche, der wilde, naive Mensch hat also auch mehr Kraft zu allen Schöpfungen, die nur mit lebendiger Sinnlichkeit, bei kräftiger Mitwirkung des Leibes oder vielmehr des psycho-physischen Mechanismus möglich sind. Solch eine Schöpfung ist besonders die Sprache; sie kann nur vom nicht geschichtlichen, noch in vollstem und engstem Zusammenhange mit der Natur lebenden Menschen herkommen. Der Mensch darf noch nicht gewöhnt sein, die Ausbrüche seiner Affecte zu hemmen, der Leib und namentlich die Laut-Organe (d. h. die Athem-Organe) müssen noch den unabgeschwächten Reflex der Seelen-Erregungen gewähren.

*) Zeitschr. f. Völkerpsych. I. S. 52 ff. II. S. 279—342.

Ferner gibt es Schöpfungen, deren Zweck es ist, das Gesammtleben zu fördern, grofse Gemeinsamkeiten zu bilden, wie Glaube und Sitte, vor allem aber wiederum Sprache. Schöpfungen dieser Art dringen um so tiefer in alle Zugehörige eines Volkes, jemehr sie aus diesem selbst stammen. Die Sprache zumal ist unmittelbares Erzeugnifs der Masse selbst, und ihre Hervorbringung ist nur möglich, solange das Volk noch eine durchaus homogene Masse bildet, ohne individuelle Unterschiede in sich zu bergen. An der Sprache schaffen die Einzelnen eines Volkes wie Bienen an ihrem Zellenbau. Das ist nur möglich, solange in ihnen allen das gleiche Bedürfnifs lebt und sich in gleicher Form Befriedigung schafft, solange sich derselbe Inhalt in derselben Weise darstellt. Denn Individualisirung heifst Aufhebung des Verständnisses, also Unmöglichkeit der Sprach-Erzeugung. Die romanischen Sprachen sind vielleicht die jüngste Sprachschöpfung. Sie fällt in die geschichtliche Zeit; aber sie vollzieht sich in vorgeschichtlichen Volksmassen.

Berücksichtigt man den Werth des Inhalts solcher vorgeschichtlichen Schöpfungen, so kann er sehr hoch sein. Man denke an die homerische Sprache, die homerischen Götter. Beachtet man aber die Form der Thätigkeit, durch welche solche Erzeugnisse vollzogen werden, die Bewegung des Bewufstseins, in dem sie zu Stande kommen: so erscheinen solche Schöpfungen mehr als blofse Ereignisse, glücklichere oder unglücklichere, denn als mehr oder weniger gelungene Thaten. Wie die schönere Gestalt, die edlere Form des Schädels eines Volkes nur eine Natur-Begebenheit ist, so ist auch die höher entwickelte Sprache nur eine Begebenheit, wenn auch im Geiste. Sie ist im Volksgeiste geworden, ohne dessen Verdienst zu sein. Sie ist ein Glück, zu welchem man einem Volke wohl gratuliren mag; aber sie verdient kein Lob, sie unterliegt keiner sittlichen Beurtheilung, wie die geschichtliche That, ja selbst wie manche andre vorgeschichtliche Schöpfung, z. B. die der Sitten. Insofern ist in der Sprache weniger geschichtliches Wesen als in irgend einer andern geistigen Thätigkeit; und also ist sie in dieser Beziehung Gegenstand der Ethnologie.

Die Zeit, in der die Typen des grammatischen Baues der Sprachen geschaffen wurden (um die Schöpfung der Wurzeln ganz aufser Acht zu lassen) liegt in einer fernen, nicht zu berechnenden Vergangenheit. Selbst schon einige secundäre Gebilde, wie das durch Suffigirung des Verbum substantivum gebildete Futurum des Sanskrit, Griechischen und Litauischen, rühren noch aus der Zeit der Stammes-Einheit her. Die Zeit nach der Spaltung des Stammes bis zum Eintritt jedes Volkes in die Geschichte ist besonders an secundären Formen fruchtbar gewesen, um damit die schon eingetretene Einbufse an primären Formen zu ersetzen. In dieser Zwischenzeit entstand im Lateinischen das Imperfectum, das Futurum auf -bo und manche andre Form; im Deutschen das sogenannte regelmäfsige Präteritum, auch die eigenthümliche Ausbildung des Umlauts; im Griechischen die Entwicklung der Aoriste und Andres. Ja die griechische Sprache zeigt uns sogar, dafs ein Volk so geistvoll sein kann, dafs es die Fähigkeit, secundäre Formen zu bilden, dazu benutzte, das in der Urzeit nur angelegte, nicht folgerecht durchgeführte Schema der Formen, möglichst vollständig auszufüllen. Dies ist die Zeit, in der sich die nationelle Eigenthümlichkeit sowohl überhaupt als auch in der Sprache bildet. Es fehlt also in dieser Zeit und wohl schon längst die Kraft, ursprüngliche Lautgebilde für innerlich lebende Bedürfnisse zu schaffen; aber sie vermag noch wenigstens gegebene Elemente zu combiniren und so gewissermafsen neue Formen zu erzeugen, und ferner zufällig, mechanisch entstandene Laut-Verschiedenheiten für die Bezeichnung erkannter Unterschiede zu verwerthen. So benutzte der Hellene den mechanisch eingetretenen Uebergang des α in ε und ο zur Spaltung von *padas* in ποδός, πόδες, πόδας, und einen Gebrauch von aufserordentlicher Tragweite machte der Deutsche von dem ursprünglich bedeutungslosen Ablaut.

Ja da es auch in geschichtlichen Völkern grofse Massen gab, die von der Geschichte nur wenig ergriffen waren, am geschichtlichen Geiste wenig Antheil hatten: so konnten noch im Uebergange aus dem Mittel-Alter in die neuere Zeit die romanischen Völker sich ein neues Futurum bilden, das an Gefügigkeit der alten, auch schon secundären Form nicht nachsteht; *j'aimerai* aus *je aimer ai*, also ich habe (zu) lieben. Im Deutschen hat der Umlaut, der wie der Ablaut nur einen mechanischen Ursprung hat, wie dieser eine Verwerthung gefunden: Ofen, Oefen, hatte, hätte u. s. w.

Während also ursprünglich die Wurzeln auf jede innere Regung zur Darstellung derselben wie freiwillig hervorbrachen, sich modificirten und an einander schlossen, sank die Sprachfähigkeit in vorgeschichtlicher Zeit so weit, daſs für neu auftauchende Erkenntnisse nur vorhandene Elemente zu neuen Formen combinirt, oder überflüssige Gebilde, die eigentlich noch ganz bedeutungslos waren, verwerthet werden. Auch diese Kraft versiecht in geschichtlicher Zeit. Der Geist vermag jetzt nichts mehr über den Laut, sein Einfluſs auf die Sprache, sein Wirken und Schaffen in ihr ist rein intellectuell. Der Laut hat sein Leben verloren und verdankt sein Dasein der Ueberlieferung und seinen Werth in allen Stammwörtern der mechanischen Association mit seiner Bedeutung, und nur auf diese erstreckt sich alle Entwickelung. Gehört denn nun die Bedeutung nicht zur Sprache? Ist es erlaubt, die Sprache verkümmert und verkrüppelt zu nennen, weil der Laut verdorrt, da doch die Bedeutung des Wortes und der Wortform und die Satzbildung lebt? Nein, hier heiſst es so klar wie in seltenen Fällen: der Leib stirbt, und der Geist ersteht. In vorgeschichtlicher Zeit hat das Griechische, wie auch das Lateinische und Deutsche, einen secundären Redetheil erzeugt, das Adverbium, freilich nicht durch neugeschaffene Laut-Elemente, sondern durch einen bloſsen psychischen Proceſs (Zeitschr. f. Völkerpsych. II, S. 482—486). Aber das Griechische und Deutsche vermochten schon beim Beginn des historischen Bewuſstseins noch einen secundären Redetheil zu schaffen, den Artikel, ebenfalls durch eine intellectuelle Entwickelung, aber ohne Lautverfall. Gleiches haben die romanischen Sprachen vermocht, freilich innerhalb einer allgemeinen Verwitterung der Lautform. Sie haben auch die Präpositionen *de* und *ad* zu bloſsen Flexions-Elementen umgewandelt, ein Proceſs, der der Entwicklung des Artikels ganz gleichsteht, nur daſs durch jenen Wandel ein bloſser Verlust ersetzt, nichts Neues geschaffen ward. Bloſser Ersatz ist auch die Bildung des romanischen Adverbiums durch *mente* (z. B. *fortement = forti mente*). Glottik und Morphologie weiſs solchen Thatsachen gar nicht zu nahen; die echte Sprachwissenschaft findet hier ihre anziehendsten psychologischen Aufgaben.

Von diesen Schöpfungen kann man sagen, daſs sie obwohl in allgemein geschichtlicher Zeit, doch in der ungeschichtlichen Masse und ganz nach Weise vorgeschichtlicher Bildungen entstanden sind: ohne Selbstbewuſstsein in einem Processe des Bewulstseins. Darf man denn nun aber ferner unbeachtet lassen, was geniale Denker und Schriftsteller durch Entwicklung von Bedeutungen, durch neue Ableitungen und Zusammensetzungen, durch neue Wendungen des Satzbaus in der Sprache schaffen? Ist nicht die Sprache Pindars, Platons, jedes griechischen Classikers, eine Schöpfung, eine geschichtliche That? ebensowohl eine geschichtliche That, als die eines Phidias, eines Praxiteles? (Vergl. meine Geschichte der Sprachwissensch. bei den Griechen S. 389—400).

Die Betrachtung dieser Thaten, sagt man, gehört in die Philologie; aber die Entstehung der Redetheile und Wortformen in die Sprachwissenschaft. Aber, die Verschiedenheit der letztern Betrachtung von der erstern zugestanden, mit welchem Rechte darf man beide aus einander reifsen? Handelt es sich nicht in beiden um ein und dasselbe Object, Sprache? Ja, sagt man, um die Sprache; aber um verschiedene Stufen ihres Lebens, ihres Wachsthums. Nun, wollt ihr denn eine andre Wissenschaft für die Blüte, den Stamm und die Wurzeln, und eine andre für die Frucht? — Hier handelt es sich blofs um die Bedeutung, sagt man, dort um die Lautgestaltung. Aber kommt nicht auch die Bedeutung*) in Betracht? — Die Schöpfung der Lautform ist vorgeschichtlich und ein Werk des Volksgeistes, jene literarischen Thaten sind individuell. Allerdings individuell; aber wären sie classisch, wenn nicht aus dem allgemeineren Geiste des Volkes, ja der Menschheit heraus? Ist nicht gerade dies der Charakter des Geschichtlichen, allgemein in individueller Erscheinung zu sein? Daher wird auch das, was der Einzelne der Sprache wahrhaft verleiht, augenblicklich Gemeingut Aller. Wenn die Geschichte vorzugsweise Geschichte des Selbstbewufstseins ist, so ist die Sprache ein vorzüglich historisches Wesen; denn (man denke an die Entwicklung der Wortbedeutungen!) in ihr lagern sich die Ergebnisse der geschichtlichen Denkprocesse ab, welche sich innerhalb eines Volkes vollziehen. Sie ist das deutlichste und allgemeinste Mittel, die Erwerbungen der Vergangenheit den Genossen der Gegenwart verdichtet zu überliefern**).

---

*) Es ist vorzüglich Georg Curtius, der sich um die Verbindung der sogenannten philologischen und sprachvergleichenden Betrachtung Verdienste erworben hat.
**) Zeitschr. f. Völkerpsych. II. S. 57.

Es geschieht durchaus einseitig, wenn behauptet wird, Geschichte und Sprache stehen in Gegensatz zu einander; dies gilt nur von der Lautseite der Sprache und selbst von dieser, wie schon bemerkt, nur beschränkt; denn die Cultur, die Schrift, wirkt auch erhaltend auf die Sprache. Noch falscher ist es, die Entstehung grammatischer Formen von der Verstümmelung der Laut-Elemente abhängig zu machen, da umgekehrt der Trieb nach Form die Verkürzung und Zusammenziehung bewirkt. Der Laut ist durchweg der secundäre Factor der Sprache; der primäre ist die innere, seelische Thätigkeit*).

Die Ethnologie der ungeschichtlichen Völker berichtet von mancherlei Begebenheiten, welche so gleichgültig sind wie Natur-Ereignisse; die Vorgeschichte der Cultur-Völker berichtet von Ereignissen, die zum Theil ihrem Inhalte nach von hohem Werthe sind, aber ihrer Form nach des Selbstbewufstseins ermangeln; in der Geschichte endlich werden Thaten vollzogen und treten Personen auf mit individueller Eigenthümlichkeit, aber von allgemeinem Gehalt und Werth.

Die geschichtlichen Verhältnisse sind in unaufhörlichem, wenn auch nicht sofort nachweisbarem Wechsel begriffen. Diese relative Ruhe berechtigt den Begriff historischer Zustände. Die Einrichtungen, in denen jene Verhältnisse ihre Ordnung und Bethätigung finden, politische und private, breiten sich über die ganze Masse der zum Volke gehörigen Einzelnen aus; und innerhalb solcher Zustände von einem bestimmten allgemeinen Charakter ist der einzelne Fall als solcher bedeutungslos, ungeschichtlich. Das einzelne Paar, welches eine Ehe schliefst; der einzelne Bürger, der seine Theilnahme an Gemeinde, Staat, Recht u. s. w. bethätigt, als solche Einzelheit gehört nicht in die Geschichte, wiewohl die Einrichtung der Ehe überhaupt, das Recht des Bürgers überhaupt in der Gemeinde und im Staate wesentliche Momente der Geschichte sind. Ebenso ist das Wort, das in diesem Augenblicke gesprochen wird, gleichgültig für die Geschichte der Sprache; die einzelne Rede als solche ungeschichtlich. Darum bleibt jedoch die Sprache überhaupt nicht minder ein geschichtliches Moment. Kurz die blofse Massenhaftigkeit des Seins und Thuns, welche im ungeschichtlichen

---

*) Wie selbst die mechanischen Laut-Veränderungen psychologisch zu erklären sind, habe ich Zeitschr. f. Völkerpsych. I. S. 119 f. gezeigt.

Leben und in der Vorgeschichte vorwiegt, wenn nicht alleinherrschend ist, hört auch in der Geschichte nicht auf; und sie bedingt namentlich das, was man geschichtliche Zustände nennt, sie stellt das Moment der Ruhe neben dem der Bewegung oder des Fortschrittes dar. Die Zustände bleiben nicht aufserhalb der Bewegung, sind überhaupt nur relativ Zustände. Die Sprache nun, vorzugsweise Eigenthum der Volksmasse, tritt uns darum auch vorzugsweise in Zuständen entgegen. Bei der nothwendigen Eintheilung der Arbeit, wird der Sprachhistoriker besonders die Entwickelung der Sprache durch Zustände hindurch verfolgen und dabei, weil er es nur mit massenhaftem Sprechen zu thun hat, auch nicht die einzelnen Fälle der Rede berücksichtigen, welche ja ungeschichtlich und überhaupt unwissenschaftlich sind. Er wird nur den allgemeineren Zustand der Sprache bearbeiten. Dagegen wird derjenige Historiker, der nicht ein einzelnes geistiges Moment bei allen Völkern erforscht, sondern nur ein und das andere Volk nach allen Seiten seines geschichtlichen Lebens zum Object hat, insofern es sich um die Sprache dieses Volkes handelt, vorzugsweise die einzelne Rede betrachten, aber natürlich die welche von geschichtlicher Bedeutung, eine literarische That ist, ein sprachliches Denkmal.

Abgesehen aber von dieser Theilung der Arbeit, nur den Begriff im Auge, müssen wir sagen, dafs die Sprachwissenschaft die Sprache sowohl als sprachlichen Zustand, wie auch als sprachliche That zu erforschen hat. Und also setzt sie nicht nur Geschichte und Ethnologie, sondern auch Vorgeschichte und Geschichte und den verhältnifsmäfsig ruhenden Zustand mit den lebendigsten Thaten der Geschichte in Verbindung.

Wie nun die hier angedeuteten Untersuchungen nicht ohne Psychologie geführt werden können, wird keiner besondern Hinweisung mehr bedürfen.

In Bezug auf die Mythologie will ich nur kurz meine Ueberzeugung dahin aussprechen: die noch bestehende Abneigung vortrefflicher Philologen gegen die neue vergleichende Mythologie, wie sich dieselbe an der vergleichenden Sprachwissenschaft heranbildet, hat ihren tiefsten Grund nirgend anderswo als in irrigen Vorstellungen über das Wesen des Mythos, der Religion, des menschlichen Geistes in der Urzeit überhaupt; und nur die Psychologie kann hier die richtigen Voraussetzungen begründen. Doch hier könnte ich weder dies ausführen, noch auch die philologischen Disciplinen einzeln durchgehen, um in denselben bedeutsame psychologische Punkte nachzuweisen. Ich werde einen andern Weg einschlagen; ich werde die beiden formalen Momente hervorheben, welche das gesammte philologisch-historische Streben und dessen Ziel bezeichnen, und also alle einzelnen Disciplinen in gleicher Weise durchdringen.

Nach der einen Seite hin nämlich gilt wohl allgemein als Aufgabe des Philologen und Historikers, die Fülle der Thatsachen des geistigen Lebens eines Volkes aus dem Volksgeiste abzuleiten. So soll jede Sprache, jede Religionsform und Mythenmasse, jede Verfassung des thätigen öffentlichen oder privaten Lebens, kurz jede theoretische oder praktische Idee eines Volkes aus dessen Geist abgeleitet, erklärt werden. Nach der andern Seite hin aber sollen diese Ideen, die Offenbarungsformen des Volksgeistes und der Gesammtgeist des Volkes selbst in ihrer geschichtlichen Entwickelung nach den allgemeinen Entwickelungsgesetzen des menschlichen Geistes erkannt werden. Beachten Sie wohl, m. H., dort soll aus „dem Geiste", so sagt man, abgeleitet werden, nicht aus der Seele; hier soll aus Entwickelungsgesetzen „des Geistes", so sagt man, nicht der Seele, erklärt werden. Und es geschieht wahrlich nicht zufällig und grundlos, dafs man so spricht, sondern aus richtigem Sprachgefühl. Denn sehen wir, was eine Erklärung aus dem Geiste und eine aus der Seele bedeuten kann, und vergleichen wir damit, was der Philologe, der Historiker bisher erstrebt und geleistet hat: so werden Sie finden, dafs er wirklich nur um eine Ableitung aus dem Geiste bemüht war, eine aus der Seele aber niemals in Angriff zu nehmen gedacht hat. Dies möchte ich Ihnen näher vorführen.

Was versteht man unter Geist, und bestimmter unter Volksgeist? Sehen wir davon ab, woran in unserm Falle nicht zu denken ist, dafs dieses Wort zunächst nur ein Sammelwort ist und blofs die Summe der Thatsachen und Verhältnisse, die wir geistige nennen, bezeichnet: so versteht man in tieferer Weise unter Volksgeist gewisse charakteristische Züge, eigenthümliche Qualitäten an den geistigen Lebensformen und Erzeugnissen. Wenn Sie nun an einzelne Fälle denken wollen, wo einzelne Erscheinungen oder Richtungen des griechischen Geistes, wo ein Dichter oder die Religion u. s. w. der Griechen aus dem hellenischen Geiste abgeleitet wurde: that man da wohl etwas Andres, als dafs man in der betreffenden Erscheinung oder Richtung einen Charakter, einen Typus, eine herrschende Form oder Idee nachwies, welche sich in gleichartiger oder analoger Weise in allen andern Hauptrichtungen des hellenischen Geistes wiederfand? Eine Erscheinung aus dem Volksgeiste ableiten, heifst also nichts anderes, als in ihr denselben Charakterzug nachweisen, den man zugleich als die den gesammten Volksgeist beherrschende Idee erkannt hat. Wenn jemand z. B. das Schöne, Ideale, im Gegensatze zum Praktischen, Nützlichen, oder das Individualisiren im Gegensatze zum Generalisiren oder Universalisiren, oder irgend welche Unmittelbarkeit im Gegensatze zur Vermittlung als bezeichnenden Grundzug des griechischen Geistes zu erkennen glaubt: so wird er bemüht sein diesen Charakter in den verschiedenen Thätigkeitsweisen des Geistes wiederzufinden; und hat er ihn gefunden, so meint er, dieselben aus dem Geiste abgeleitet zu haben. Die sämmtlichen einzelnen Erscheinungen eines Volksgeistes ableiten, heifst also, dieselben dadurch zu einer Einheit zusammenfassen, dafs in ihnen allen die gleiche Form nachgewiesen wird. In diesem Sinne sprach z. B. Wilhelm v. Humboldt von der Form der Sprache und von Ableitung der Sprache aus dem Gesammtgeiste des Volkes.

Es braucht aber wohl eben nur schlichtweg darauf hingewiesen zu werden, dafs dieses Verfahren weder eine Ableitung noch eine Erklärung gibt, sondern nur eine Charakteristik. Weder wird ein Einzelnes von einem andern Einzelnen abgeleitet, denn sie werden nur als analog gebildet nachgewiesen; noch wird ein Theil aus dem Ganzen erklärt, da das Ganze nur die Zusammenfassung der Theile ist; noch ein Einzelnes aus dem Allgemeinen, da das Allgemeine hier nur die Bedeutung eines an allem Einzelnen wiederkehrenden Typus hat.

In dieser Beziehung verhält sich der Historiker gewissermafsen als ein Maler des Volksgeistes, er entwirft ein Bild desselben. Fragen wir nun aber, mit welchem Stifte wird denn hier gezeichnet, mit welchen Farben gemalt? oder, um eigentlich zu reden, welche Kategorieen kommen hierbei zur Anwendung? Beispielsweise wurden soeben genannt: Unmittelbarkeit und Vermittlung, Individuation und Universation; andere sind: Aneignungs-Fähigkeit und -Lust und Abgeschlossenheit, Leidenschaftlichkeit und Gemessenheit, Anmuth und Würde, Subjectivität und Objectivität, Aeufserlichkeit und Innerlichkeit, Phantasie und

Verstand u. s. w. Mit solchen und andern Kategorieen sucht man die eigenthümliche Form, die Idee des griechischen Geistes im Gegensatze zum orientalischen und modernen und dann weiter die Eigenthümlichkeiten der griechischen Stämme zu erfassen.

Kommt nun so der Historiker nach der einen Seite hin nur zu Charakteristiken, ästhetischen Constructionen des Volksgeistes: so scheint er doch wenigstens nach der andern Seite hin zu geschichtlicher Erklärung der geistigen Entwicklung eines Volkes zu gelangen. Hier handelt es sich nicht mehr um den Volksgeist in seinem ruhenden Sein, und nicht mehr eine Gleichheit oder Verwandtschaft des Charakters oder der Form der Erscheinungen und Richtungen soll erkannt werden; sondern der Geist soll in seiner geschichtlichen Veränderung vorgeführt werden. Der Historiker zeichnet also nicht blofs ein ruhendes Bild von einem Geiste, sondern eine Reihe von Bildern, deren eines aus dem andern entsteht, oder ein sich veränderndes Bild. Ja, er kann und, wenn Sie wollen, er mufs noch Höheres erstreben: Erkenntnifs der organischen Entwicklung eines Volksgeistes von dessen Keime bis zum Untergange. Will er nun wirklich eine solche Entwicklung eines geistigen Zustandes aus dem andern aufweisen, so kann er nicht etwa blofs an dem anfänglich gezeichneten Bilde bald hier einen Zug auswischen und dafür dort einen neuen hinzufügen, bald jenen schwächen oder stärken, heller oder dunkler färben, je nachdem die Thatsachen der Reihe nach auftreten; sondern um ein Wachsen und ein Absterben zu begreifen, mufs er Gesetze der geistigen Entwickelung zur Anwendung bringen, ein causales Verhältnifs aufdecken, bald das einseitige von Ursach und Wirkung, bald das verwickeltere der Wechselwirkung. So wird in der That eine Erklärung des thatsächlichen Verhalts aus Gesetzen gegeben.

Ist hiermit, wie ich meine, die Thätigkeit des Historikers umschrieben, so bin ich — ich bedaure, dies erst noch ausdrücklich versichern zu müssen — im entferntesten nicht gesonnen, ihren hohen wissenschaftlichen Werth nur irgendwie herabsetzen zu wollen; aber ihr Werth, nur dies behaupte ich, wird sich steigern, die Philologie und Geschichte wird gröfsere Sicherheit und Klarheit erhalten, ja principiell vertieft und wohl auch berichtigt werden, wenn ihr die psychologische Grundlage bereitet wird, wenn zur ästhetischen Construction nach Ideen und zur

Erklärung aus Entwickelungsgesetzen des Geistes die Erklärung aus der Seele, aus psychologischen Gesetzen, hinzutritt. Inwiefern aber die Psychologie hart an der Grenze der Philologie und Geschichte oder gar innerhalb ihres Gebietes selbst Raum gewinnt, wird nach dem Bemerkten nur einer kurzen Erläuterung bedürfen. Das Sein, das wahrhaft Reale, zu bestimmen, welches allem Werden und Geschehen zu Grunde liegt, fällt der Metaphysik anheim. Die besondern Wissenschaften haben es nur mit den Erscheinungen, dem Geschehen, den Vorgängen zu thun. Jede Erscheinung nun besteht allemal und nothwendig aus einer Mehrheit von Momenten oder Factoren und von Verhältnissen zwischen denselben, wiewohl die Sprache sie mit einem einfachen Worte benennt, sei es mit einem Substantivum, Adjectivum oder Verbum, z. B. Feuer, brennen, heifs, nafs, Tag und Nacht, hell und dunkel u. s. w. Dem gewöhnlichen Bewufstsein erscheint das mit solchen Wörtern Benannte, obwohl es in Wahrheit ein in sich Vielfaches ist, als ganz einfache Objecte. Denn theils weil der Eindruck des zwischen den seienden Wesen sich vollziehenden Vorgangs auf die Seele vermittelst der wahrnehmenden Sinne ein einfacher ist, theils weil das in einer einheitlichen Anschauung mehrfache Wahrgenommene durch ein einziges Wort in einer einfachen Vorstellung erfafst wird: wird diesem Eindruck und dieser Vorstellung gegenüber ein ebenso einfaches Object als wirklich gesetzt. Nur die analysirende Naturwissenschaft lehrt, dafs mit allen jenen Wörtern ein zusammengesetztes Vielfaches und Vielseitiges bezeichnet wird. „Feuer" z. B. bedeutet gewisse physikalische Erscheinungen, welche bestimmte zwischen mehreren Elementen vor sich gehende chemische Processe begleiten, und zwar bezeichnet es diese nicht rein objectiv, sondern mit Bezug auf das diese Vorgänge wahrnehmende Subject, welches also selbst als ein Moment in den Vorgang mit eintritt. Denn wo von Wärme geredet wird, wird ein dieselbe fühlendes Wesen vorausgesetzt. Das einfache „Tag" bedeutet ein Verhältnifs zwischen der Sonne und der Erde mit dessen mannichfaltigen Folgen für die letztere. Hier wird also ein Complex mannichfacher kosmologischer und speciell tellurischer Verhältnisse als ein Theil der objectiv vorgestellten Zeit aufgefafst und ein Object gebildet, wo keins in Wirklichkeit ist. Eben so geschieht es in folgendem, wo es sich um etwas concret Materielles handelt. Man spricht, etwa beim

Hinblick auf das Meer: **Welle auf Welle braust heran**; und das gemeine Bewufstsein bildet sich ein, solch eine Welle sei ein Ding wie die Welle einer Maschine, nur aus Wassermasse bestehend, und sei ein fortschreitender Wasserberg. Denn **Welle** ist ein Substantivum, also Name eines Dinges. Dieses Wort aber, obwohl ein concretes Substantivum und sogar ein Appellativum, so gut wie **Mensch**, **Baum**, bezeichnet in Wahrheit nichts andres als der Infinitiv **wellen**. Am richtigsten wäre es also nur in der Form des Verbum zu sagen: **das Wasser wellt**. **Wellen** aber bezeichnet nichts Einfaches, sondern die Ausbreitung einer Erschütterung über einer Wassermasse; und Erschütterung ist wiederum etwas Zusammengesetztes, nämlich Schwingung, d. h. eine Doppelbewegung nach entgegengesetzter Richtung, also Hebung und Senkung. Sieht man nun davon ab, dafs eine Welle immer Wellen voraussetzt, so kann man sagen: **eine Welle** bezeichne eine Masse als Theil einer gröfsern Masse, in welcher eine Erschütterung entstanden ist, so lange als und insofern jener Theil in dieser Erschütterung begriffen ist. Also bewegt sich auch die Welle als solche Masse nicht von ihrer Stelle; sondern nur das Wellen, die Erschütterung, pflanzt sich fort und ergreift immer neue und neue Massen, so lange bis die Kraft des ersten Anstofses aufgezehrt ist. So wie nun in diesem Falle und in so vielen ähnlichen die Physik vermeintliche Dinge in Formen der Bewegung auflöst, so thut es die Psychologie auf dem Gebiete der innern Erfahrung. Alle jene zuvor genannten Kategorieen, mit denen der Philologe geistige Gestaltungen charakterisirt, enthalten nicht etwas Einfaches, weder ein einfaches Sein oder Geschehen, noch eine einfache Qualität; sondern sie bezeichnen bestimmte Vorgänge in der Seele und bestimmte Formen solcher Vorgänge, welche die Psychologie zu analysiren hat. Auch die Erscheinungen des seelischen Lebens sind wie die des materiellen Lebens in der That schliefslich Verhältnisse und Bewegungen zwischen gewissen einfachsten seelischen Elementen, geistigen Atomen. Diese Vorgänge setzen schon in ihrem ursprünglichsten Auftreten mehrere Elemente voraus, an denen sie sich vollziehen, und compliciren sich dann in höchst verwickelter Weise zu unendlich vielfachern innern Gestaltungen, welche dem gewöhnlichen Bewufstsein einfach erscheinen und als einfache Erscheinungen aufgefafst und benannt werden. Alle jene Kategorieen, wie Festigkeit und Beweglichkeit des Geistes, Einseitigkeit und Vielseitigkeit u. s. w. sind nur zusammenfassende, verdichtende Ausdrücke für bestimmte Constitutionen grofser Vorstellungsgruppen, Verfassungen, Zustände des Inhalts unseres Bewufstseins, des ganzen seelischen Besitzthums und der seelischen Thätigkeitsform. Mit jenen charakterisirenden Kategorieen stellt also der Historiker dem Psychologen Aufgaben, an deren Lösung er darum den innigsten Antheil zu nehmen hat, weil es ihm erst durch dieselbe möglich wird, dasjenige klar und deutlich zu denken, was er denken möchte.

Aber auch jene Entwicklungsgesetze verdienen kaum den Namen Gesetze. Sie bezeichnen blofs die gleichmäfsige oder analoge Wiederkehr zweier Ereignisse, den wiederkehrenden Verlauf und Verband zweier Geschichten, z. B. dafs Poesie der Prosa vorangeht, dafs sie mit der Lyrik oder der Epik beginnt. Worauf aber dieser Verlauf und Verband in Wirklichkeit beruht, das sprechen jene Gesetze nicht aus. Denn auch sie sind nur Zusammenfassungen sehr vieler, mannigfach in einander verschlungener Vorgänge zu einem scheinbar einfachen Verhältnisse zwischen zwei Factoren. Jene sogenannten Gesetze des Geistes verhalten sich zu den wirklich die geistigen Erzeugnisse lenkenden psychologischen Gesetzen, wie die Organe des animalischen Leibes, als Einheiten aufgefafst, zu den Geweben und sonstigen einfacheren Elementen, durch welche sie constituirt werden. Nennen Sie es wohl ein Gesetz, m. H., wenn man sagte: zum Sehen gehört, dafs man ein Auge habe; oder wenn man offne Augen hat, dann sieht man? hiefse Ihnen dies etwa, das Sehen erklärt haben? Wie hier erst die ganze Thätigkeit des Anatomen und Physiologen eintreten mufs, um zu zeigen, wie es geschieht, dafs das Auge als Ursache das Sehen zur Wirkung hat; so mufs dort erst der Psychologe hinzutreten, um zu zeigen, auf welchen thatsächlichen Bedingungen und welchen psychologischen Gesetzen jener zu einem Entwicklungsgesetz formulirte Verlauf und Verband zweier Ereignisse beruht. Oder würden Sie es für eine wissenschaftliche Erkenntnifs der Entwicklung des menschlichen Leibes halten, wenn jemand weifs, dafs der Mensch als Kind geboren wird, dann zum Knaben und Jüngling oder Mädchen und Jungfrau heranwächst u. s. w.? Sie verlangen vielmehr eine Einsicht in die physiologischen und anatomischen Veränderungen, welche der Leib von der Empfängnifs an bis zum letzten Augenblick erfährt; die Erkenntnifs wie jeder Zustand Ursache des folgenden ist und, indem er sich bethätigt, sich aufhebt, nach rein causaler Betrachtung. Mit dieser Betrachtungsweise bin ich so fern mich gewissen neuerdings angepriesenen Bestrebungen anzuschliefsen, dafs ich mich ihnen sogar entgegenstelle, denselben zum Vorwurf machend, dafs sie nicht nur ungerecht gegen unsere Historiker sind, sondern auch Gefahr laufen, die Geschichtswissenschaft zu verderben. Ich begreife kaum, wie jemand der nur ein wenig von den Arbeiten der neuern deutschen Historiker und Philologen kennt, in den Vorwurf einstimmen könnte, den Buckle gegen — wie er sich verächtlich ausdrückt — „die Zunft" der Historiker ausspricht. Wer nur eben die einfachste, ursprünglichste Aufgabe des Geschichtschreibers bis auf einen gewissen Punkt erfüllt, Thatsachen richtig zu erzählen, der würde dies schon nicht vermögen, wenn ihm „Denkfaulheit und natürliche Beschränktheit" anhaftete. In Deutschland würde er mit solcher Geistesbeschaffenheit keinen Augenblick lang „ein Ansehen in seinem Fache erlangen"; denn die deutsche Wissenschaft hat zu allen Zeiten zwischen dem Rhetor und dem Geschichtschreiber zu unterscheiden gewufst. Freilich ist das Geschäft des Historikers nicht damit erschöpft, dafs er schlechthin und einfach nur Begebenheiten erzählt. Aber der deutsche Denker weifs auch, dafs es etwas Anderes ist, in der Reihe von Begebenheiten die Entwicklung der Idee nachweisen oder die Erzählung „durch passende sittliche und politische Betrachtungen beleben". Dieses thut der Rhetor, jenes der Historiker. — Darin hat Buckle Recht, dafs bisher die politische Geschichte meist zu ausschliefslich bearbeitet wurde oder wenigstens zu einseitig in den Vordergrund trat. Die sogenannte Cultur-Geschichte wird aber jetzt auch ohne Buckle's Anregung schon eifrig betrieben. Nun scheint allerdings auch mir, dafs es darauf ankommt zu erkennen, dafs alle Geschichte weiter nichts ist, als Geschichte der Cultur, geistiger Bildung, d. h. Geschichte des Selbstbewufstseins. Sonst finde ich bei Buckle (über dessen Werk ich mir übrigens kein Urtheil erlaube) weiter nichts Neues, als die besondere Einseitigkeit, in welcher er den Fortschritt erkennt. Ich überlasse es dem berechtigten Richter zu entscheiden, wie richtig seine Ansicht von dem Grundzuge der Geschichte jedes der Hauptvölker Europas, wie gelungen der Nachweis dieses

Grundzuges in den einzelnen Thatsachen ist; vielleicht fällt das Urtheil über Buckle höchst günstig aus: nur, wenn er beansprucht, die Gesetze entdeckt zu haben, unter deren Herrschaft die besonderen Thatsachen stehen, so kann ich ihm dies nicht einräumen. Ich finde nirgends bei ihm etwas was Aufstellung eines Gesetzes heißen kann. Ja, wenn ich seine Fragestellung und Betrachtungsweise erwäge, so scheint auch er, wie sein Vorbild August Comte, noch nicht den rechten psychologisch-analytischen Sinn an die Sache zu bringen. Ich billige z. B. im Wesentlichen was über die Frage, ob Religion, Literatur und Regierung Ursache oder Wirkung der Civilisation sind, von Buckle bemerkt wird; aber die ganze Erörterung leidet doch an dem vorhin charakterisirten Fehler der formalistischen Substantialisirung der Begriffe, und der Psychologe vermißt die Einsicht in die Weise, wie Ideen im Bewußtsein wachsen, zusammenhängen und aufgenommen werden. Ueberhaupt könnte ich das was man bisher an historischen Gesetzen aufgestellt hat, nur als empirische Regeln anerkennen. Denn ganz abgesehen von dem Inhalte dieser sogenannten Gesetze, die oft genug jedem Andern außer dem, der sie aufgestellt hat, lächerlich erscheinen müssen — abgesehen, sage ich, davon, und nur die gehaltvollern Behauptungen ins Auge gefaßt, scheinen mir dieselben an einem schon angedeuteten Fehler der Form zu leiden, der aber aus mangelhafter Erfassung des Inhalts folgt oder damit verbunden ist. Die Formel nämlich, deren man sich bedient, ist die: wenn dies und jenes eintritt, so folgt das und das. So hat man die Form eines logischen Schlusses, ohne daß man wirklich den Zusammenhang zwischen Vordersatz und Schlußsatz begriffe; man sieht nicht ein, wie das Eine aus dem Andern folgen solle; es fehlt der Medius Terminus. An vielen Orten herrscht der Aberglaube, der dortige See, der Fluß fordere jährlich sein Opfer; es muß jedes Jahr ein Mensch darin ertrinken. Wir nennen dies Aberglauben, und wenn durch eine Reihe von Jahrhunderten die Thatsache, daß an dieser Stelle jährlich irgend jemand ertrunken ist, aufs gewisseste bestätigt wäre. Und warum wäre dies trotz der Richtigkeit der Thatsache Aberglaube? Weil der causale Zusammenhang falsch angenommen wäre. So mag es richtig und bestätigt sein, daß ein gewisser Zustand der Gesellschaft jährlich so oder so viel Opfer an Selbstmördern durch Kohlendampf oder Lauge und an gefallenen

Mädchen verlange: Diese Thatsache festhalten steht dennoch schliefslich nicht höher als jener Aberglaube, so lange die Causalität unbegriffen bleibt. Es ist auch hier nur eine empirische Regel gegeben, und die Sache wird dadurch nicht gebessert, dafs man die Thatsache in der logischen Form eines Gesetzes ausspricht. Was Buckle gegen die von ihm sogenannte metaphysische Psychologie einwendet, ist sehr schwach; aber auch was gegen die Statistik, die nach Buckle mit ihren Gesetzen die Menschen beherrscht, bemerkt worden ist, zeigt eine mangelhafte Psychologie. Ein geistvoller Denker mag es gewesen sein, der Folgendes aussprach, was ein bedeutender Historiker gegen Buckle kehrt: „Wenn man alles, was ein einzelner Mensch ist und hat und leistet, A nennt: so besteht dies A aus $a+x$, indem a alles umfafst, was er durch äufsere Umstände von seinem Land, Volk, Zeitalter u. s. w. hat, und das verschwindend kleine x sein eigenes Zuthun, das Werk seines freien Willens ist. Wie verschwindend klein immer dies x sein mag, es ist von unendlichem Werth, sittlich und menschlich betrachtet allein von Werth. Die Farben, der Pinsel, die Leinwand, welche Raphael brauchte, waren aus Stoffen, die er nicht geschaffen; diese Materialien zeichnend und malend zu verwenden hatte er von den und den Meistern gelernt; die Vorstellung von der heiligen Jungfrau, von den Heiligen, den Engeln fand er vor in der kirchlichen Ueberlieferung; das und das Kloster bestellte ein Bild bei ihm gegen angemessene Bezahlung: — aber dafs auf diesen Anlafs, aus diesen materiellen und technischen Bedingungen, auf Grund solcher Ueberlieferungen und Anschauungen die Sixtina wurde, das ist in der Formel $A = a+x$ das Verdienst des verschwindend kleinen x. Und ähnlich überall. Mag immerhin die Statistik zeigen, dafs in dem bestimmten Lande so und so viele uneheliche Geburten vorkommen, mag in jener Formel $A=a+x$ dies a alle die Momente enthalten, die es „erklären", dafs unter tausend Mädchen 20, 30, wie viele es denn sind, unverheirathet gebären, — jeder einzelne Fall der Art hat seine Geschichte und wie oft eine rührende und erschütternde, und von diesen 20, 30 Gefallenen wird schwerlich auch nur eine sich damit beruhigen, dafs das statistische Gesetz ihren Fall „erkläre"; in den Gewissensqualen durchweinter Nächte wird sich noch manche von ihnen sehr gründlich überzeugen, dafs in der Formel

$A = a + x$ das verschwindend kleine x von unermefslicher Wucht ist, dafs es den ganzen sittlichen Werth des Menschen, das heifst seinen ganzen und einzigen Werth umschliefst".

Dies ist, wie ich zuerst erklären mufs, meiner Ansicht nach höchst treffend gegen Buckle bemerkt. Mag die Statistik immerhin „eine Gleichmäfsigkeit in den Vorgängen der Menschenwelt", eine Regelmäfsigkeit und periodische Wiederkehr der tugendhaften und lasterhaften Handlungen nachweisen: der Denker wird hierüber nur einen kurzen Augenblick staunen, auch da Regel zu finden, wo er sie nicht vermuthet hätte. Wenn aber Buckle z. B. aus der regelmäfsigen Anzahl von Selbstmorden sich „zu einem grofsen Schlusse hindrängen läfst, dafs der Selbstmord lediglich das Erzeugnifs des allgemeinen Zustandes der Gesellschaft ist, und dafs der einzelne Frevler nur das verwirklicht, was eine nothwendige Folge vorhergehender Umstände ist": so ist das der Schlufs Eines, der vor der Statistik die Besinnung verloren hat. Liest man bei ihm unmittelbar weiter: „In einem bestimmten Zustande der Gesellschaft mufs eine gewisse Anzahl Menschen ihrem Leben selbst ein Ende machen. Dies ist das allgemeine Gesetz; die besondere Frage, wer nun das Verbrechen begehen soll, hängt natürlich von besondern Gesetzen ab, welche jedoch in ihrer Gesammtwirksamkeit dem allgemeinen Gesetz gehorchen müssen, dem sie alle unterworfen sind": so könnte man meinen in diesen hier anerkannten besondern Gesetzen könnte auch jenes x mit einbegriffen sein; und gewifs wird jeder, der nicht von dem Lichte der Statistik geblendet ist, vorzüglich diese besondern Gesetze untersuchen, um zu sehen, was in ihnen vorliegen mag. Buckle aber leugnet wiederholt und aufs entschiedenste die freie, eigene Entschliefsung. Er ist „gezwungen zu dem Schlusse, dafs die Vergehen der Menschen nicht sowohl das Ergebnifs der Laster des einzelnen Verbrechers sind, als des Zustandes der Gesellschaft, in welche dieser Einzelne geworfen wurde"; und er citirt Quetelet's Ausspruch, „dafs die Gesellschaft das Verbrechen vorbereitet, und dafs der Verbrecher nur das Werkzeug ist, der es vollzieht". Falsches und Schiefes, Unlogisches und Unpsychologisches drängen sich hier zusammen. Ist derjenige, welcher vollendet, was der Andere vorbereitet hat, das Werkzeug des Andern? Und dafs die Vergehen das Ergebnifs der Laster sein sollen, ist freilich Unsinn.

Jenes x ist eine Thatsache. Buckle wird die Gewissensbisse und was wir Raphaels Genie nennen, für eine metaphysische und theologische Thorheit erklären. Die wahre Psychologie kann so nicht verfahren. Aber das x ist ihr auch nicht etwas Mysteriöses, Unnahbares. Es ist das was wir das Selbst, Freiheit nennen, und dies vermag der Psychologe zu analysiren. Jenes x ist ein bestimmtes Verhältniſs zwischen bestimmten Factoren.

Die Freiheit leugnen wollen, scheint mir eben so falsch, so bloſses Erzeugniſs der Verzweiflung, wie eine absolute Freiheit hinstellen. Die Freiheit ist relativ und ist überhaupt nur eine Relation, und also zu berechnen. Der Schachspieler ist in seinen Zügen frei, und der beste ist der freieste; aber der gleich gute berechnet des erstern Züge und sagt sie voraus.

Wer möchte sich vermessen, den naivsten Geist, das Bewuſstsein eines Gretchen vollständig zu analysiren, die Macht jedes Elementes darin zu bestimmen, und so seinen Entschluſs zu berechnen? Aber darauf kommt es auch nicht an. Es handelt sich erstlich in der Wissenschaft niemals eigentlich um ein Vorhersagen dessen was eintreten wird, auch in der Physik nicht. Ueberall soll nur Geschehenes erklärt werden. In der Natur, wo sich Dasselbe tausend Mal in gleicher Weise wiederholt, und also alles Geschehen ein vergangenes und zukünftiges und Geschehendes ist, gilt die Erklärung des Vergangenen auch für alle zukünftigen Fälle, und so scheint es, als sei das Voraussagen ein wesentliches Element der Erklärung. Das ist es aber nicht, und es kann nicht in Betracht kommen im Reiche des Geistes, dessen Wesen Individualität der Fälle bedingt. Wenn wir niemals lernen werden, die zukünftigen Geschicke der Völker vorauszusagen: so folgt daraus nicht, daſs wir nicht lernen könnten, die Vergangenheit mit genügender Exactheit zu begreifen. Und zweitens: wenn es nicht möglich ist die vollständige Analyse eines Geistes zu geben, so ist auch dies nicht erforderlich. Denn es liegt im Wesen des Bewuſstseins, daſs sich die einzelnen Elemente des Geistes, Vorstellungen, Gefühle, Strebungen, zu groſsen Gruppen an einander schlieſsen, und nur solche Gruppen treten als Mächte im Bewuſstsein auf. — Nun ist es ferner auch unmöglich, die Gröſse der Macht und Wirksamkeit solcher Gruppen geistiger Elemente in bestimmten Zahlen anzugeben; die seelischen Erzeugnisse haben kein specifisches Gewicht. Es handelt sich aber um etwas durchaus Einfaches, um das Erkennen eines blofsen relativen Uebergewichts. Wenn wir an einer Wage die eine Schale sinken sehen, behaupten Sie nicht alle, meine Herren, mit aller Entschiedenheit und ohne jedes Bedenken, dafs an der Seite, wo die Schale sinkt, das gröfsere Gewicht hänge? Dies ist der Grundgedanke der ganzen Psychologie; und darum kann sie wissenschaftlich erklären ohne Experiment; der Beobachtung aber bietet sich ein so weites Feld, dafs ein geübter Blick sehr scharf zu analysiren vermag. Und so berechnet sie alles seelische Geschehen hinterher und erkennt im Ergebnifs die mitwirkenden Factoren und die Gröfse der Macht jedes einzelnen Factors.

Bleiben wir bei Gretchen. Sie ist gefallen. Auch Bärbelchen ist es. Sie sind es, würde Buckle sagen, weil in jener Stadt das statistische Gesetz herrscht, dafs jährlich zwei oder zehn Mädchen fallen müssen. Dafs es gerade Gretchen und Bärbelchen sind, ist ihr Unglück, hängt von besondern Gesetzen ab. Das allgemeine Gesetz aber mufste sich, gleichviel ob an diesem oder an jenem Mädchen, so oder so, erfüllen. Wer sich hierbei beruhigen kann, hat ein schlaffes wissenschaftliches Gewissen. Die Psychologie berechnet Gretchen und hat kein schweres Exempel daran: „Halb Kinderspiele, Halb Gott im Herzen". Nun „kam Fausts Liebeswuth übergeflossen, Wie vom geschmolzenen Schnee ein Bächlein übersteigt; Er hat sie ihr ins Herz gegossen". Dieser Liebesstrom hat Spiele und Gott aus dem Bewufstsein geschwemmt. „Du kommst ihr gar nicht aus dem Sinne" sagt Mephistopheles zu Faust; „Nach ihm nur schau' ich ... Nach ihm nur geh' ich" sagt sie zu sich selbst. Sie hat nun keinen andern Gedanken als ihn; also auch keinen andern Willen als den seinen. „Seh' ich dich, bester Mann, nur an, Weifs nicht, was mich nach deinem Willen treibt". „Ich bin nun ganz in deiner Macht". Hat nun aber die Liebe Spiel und Gott aus dem Bewufstsein verdrängt: so hat sie diese Vorstellungen doch nicht aus der Seele vernichtet; und sowie der Bruder ihr sagt: „Du bist doch nun einmal eine Hur'", so ist auch die Vorstellung Gott reproducirt. Im ersten Augenblicke zwar sagt sie noch: „Gott, was soll mir das?" Aber bald besinnt sie sich: „Wie anders war dir's, Als du noch voll Unschuld hier zum Altar trat'st ... Wo steht dein Kopf? In deinem Herzen Welche Missethat?" Das Gewissen ist wach, die Reue ist da, d. h. die Vorstellungsgruppe von Gretchen, wie sie war, kann die Vorstellungsgruppe von Gretchen, wie sie ist, nicht mehr appercipiren. In beiden Gruppen aber ist Gretchen das Subject. Wegen dieser Gemeinsamkeit des Subjects nun müssen beide nach dem psychischen Gesetz verschmelzen; aber die dazu gehörigen Prädicate können wegen der von einander abstofsenden, sich einander ausschliefsenden Macht, die ihnen inwohnt, auch nicht einmal theilweise verschmelzen. Mit der ganzen Macht der Seele also, die sich an die Vorstellung ihres Ich knüpft, stöfst dieses Ich sich von sich selbst ab.

Von all dem weifs die statistische Theorie nichts; aber die Psychologie kann hier fortschreitend immer tiefere Blicke thun*). Denn man fragt wohl zunächst weiter: woher solche Macht der Liebe in solchem Gemüth? An die Vorstellung Faust schlofs sich alles Fühlen und Streben, das vorher an Spiel und Gott vertheilt war; und durch die Zusammenfassung entsteht nicht nur eine Summe, sondern auch noch eine Steigerung. Faust wird das absolute Spiel und Gott, Gegenstand höchster Lust und völligster Hingebung; und Lust und Hingebung an Faust ist jetzt um so mächtiger denn die frühere an Spiel und Gott, als sich jetzt nicht blofs die vorher getheilte Kraft einheitlich ergiefst, sondern auch als das Gegenwärtige machtvoller ist denn das Ferne. Faust, der unmittelbar nahe Gott, der mit aller Kraft des Geistes und auch noch der Sinnlichkeit umarmt wird, und der den Himmel an und in Gretchens Busen legt, verdrängt den unsichtbaren Gott im hohen Himmel. Und so wird Gretchen, schon hochbegabt in Spiel und Religion, durch Faust zum Genie der Liebe.

Jenes x ist noch nicht aufgelöst, werden Sie sagen, meine Herren; es ist nur zurückgeschoben. Wie konnte Faust, und

---

*) Die Psychologie kann aber auch, und zwar heute schon, mit derselben Gewifsheit, wie wir behaupten, dafs $3 \times 3 = 9$ ist, dies voraussagen: Denken wir uns das Experiment vollbracht, dafs in jedem Einzelnen eines Volkes jene statistische Theorie von den Lastern und Verbrechen u. s. w. ihre volle Herrschaft erlangt und den Widerstand jener widersprechenden sogenannten metaphysischen oder theologischen Gesetze völlig überwunden hätte: so würde die Unsittlichkeit selbst diejenigen Grenzen nicht mehr innehalten, die ihr sonst wohl noch die Klugheit des Egoismus dringend anräth; und es würden sich Zustände ergeben, wie sie nach Thukydides in Athen während der Pest herrschten. Ich behaupte hiermit im mindesten nicht, dafs Buckle, Quetelet und wer sonst noch dieser statistischen (d. h. fatalistischen) Theorie anhängt, unsittlich sei; aber allerdings behaupte ich, dafs sie nur trotz ihrer Theorie sittlich sind, insofern sie es sind, und dafs ihre Theorie wie die Pest wirken würde.

gerade er, und nur er, auf Gretchen so dämonisch wirken? oder umgekehrt: wie konnte Gretchen gerade von Faust, und nur von ihm, so dämonisch in allen Tiefen ihrer Seele erschüttert, in ihrem Bewufstsein so vollständig umgewandelt, bis zum vollen Verlust ihres Selbst von ihm angeeignet werden? In der That, hier lasse ich noch ein x; aber die Aufgabe, die damit der Psychologie gestellt ist, verstehe ich, wenn ich auch bekennen mufs, noch keine Ahnung zu haben von der Feinheit der Analyse, die zur Lösung nöthig wäre. Was sagt uns aber die Statistik dazu? „Sie ist die erste nicht". Was antwortet doch Faust? Wenn Sie Sich nicht darauf besinnen, meine Herren, so lesen Sie es nach.

Ist denn das so überraschend, dafs bei einem gegebenen Zustande der Gesellschaft im Durchschnitt immer dieselbe Anzahl von Verbrechen begangen werden? Denn nicht nur die Macht des Zwanges, sondern auch die Macht der Freiheit wird dann ungefähr dieselbe bleiben. Wie sollten also nicht im Jahre 1864, wenn während dessen dieselben Verhältnisse obwalten, wie im Jahre 1863, nicht z. B. dieselbe Anzahl von Selbstmorden vorkommen? Ja sogar, sagt die Statistik, dieselbe Anzahl von Selbstmorden durch das Pistol und dieselbe Anzahl durch Ertränken u. s. w. und sie meint damit einen neuen noch stärkern Trumpf auszuspielen, beweist aber damit, dafs sie doch noch nicht frei ist vom abstracten Formalismus. Selbstmord ist ein allgemeines Wort und es genügt dem Sprachgebrauch, wie es auch vor dem sittlichen Richterstuhl ganz gleich ist, ob der Selbstmord durch dieses oder jenes Instrument vollbracht ist. Für andre Betrachtungen aber ist dieser Unterschied von Wichtigkeit; denn die Person, die sich den Tod durch das Pistol gibt, lebt unter ganz andern Verhältnissen als die, welche denselben im Flusse des Ortes sucht; und, wenn nicht besondre Umstände obwalteten, gehörte es zum Räthselhaftesten, wenn unter derselben Bevölkerung in dem einen Jahre nur Ertränkungen, im andern nur Erschiefsungen vorkämen.

Die Freiheit bildet sich durch Erziehung, Unterricht, Umgang und Lebensweise und zieht sich dadurch zugleich ihre Schranken. Der Köchin die sich entschliefst, ihr Leben wegzuwerfen, ist gar nicht die Wahl gegeben, ob sie nach dem geladenen Pistol greifen soll oder nicht; dem Officier in derselben Lage drückt sich das Pistol von selbst in die Hand, er erwägt nicht, ob vielleicht Erhängen vorzuziehen sei. Alle Personen desselben Standes aber werden durchschnittlich, weil gleich erzogen und gleich lebend, auch im gleichen Grade frei und unfrei sein; auch die Einflüsse von aufsen her, denen der Einzelne ausgesetzt sein kann, sind durch die allgemeinen Zustände der Gesellschaft und durch die Classe, der er angehört, bestimmt. Sind also die Störungen und die Widerstandskraft durchschnittlich dieselben, wie sollten es nicht auch die Erfolge sein! Einerseits sind der Veranlassungen zum Falle in diesem Jahre so viel wie im vorigen, und andrerseits ist auch die Macht der Tugend die unveränderte: also mufs auch das sittliche Ergebnifs dasselbe sein.

Die Statistik bedarf also schon zu ihrer eigenen Ergänzung der Psychologie; um wie viel mehr, wenn sie eine Stütze der Geschichte werden soll!

Da es hier unmöglich ist, auch nur auf die leichteste der angedeuteten Aufgaben wirklich einzugehen: so will ich nur den Hauptpunkt hervorheben. Der vorzüglichste Gewinn nämlich, den der Philologe, der Geschichtsforscher, aus dem Studium der Psychologie, aus dem erworbenen psychologischen Blicke, wohl ziehen dürfte, möchte, wie ich erwarte, gerade darin liegen, dafs sich der Sinn für die Wirklichkeit, das Geschehen, also der historische Sinn reinigt und stärkt. Es liegt im Wesen der Seele, den geschichtlichen Geist zu erzeugen, Geschichte zu machen, geschichtliche Schicksale zu erfahren: darum mifst die Psychologie, indem sie nur das ihr eigene Geschäft vollzieht, den Boden der Geschichte aus und erforscht deren Lebensbedingungen. Sahen wir, wie die Geschichte undenkbar ist ohne psychologischen Grund und Ausgang: so ist auch andrerseits die Psychologie nichts, wenn nicht Principienlehre der Geschichte; und als solche mufs sie, selbst noch aufserdem, dafs sie eine bestimmte ihr eigene Summe von Erkenntnissen gewährt, dafs sie dem Historiker einen Erkenntnifs-Stoff darreicht, unmittelbar und in rein formaler Weise auf den historischen Sinn bildend einwirken. Damit diese Bemerkung, die das Höchste enthält, was ich dem Philologen oder Historiker über sein Verhältnifs zur Psychologie zu sagen habe, nicht etwa gar zu idealistisch in der Luft zu schweben scheine, mufs ich auf einige Thatsachen eingehen; und ich bitte Sie, m. H., mir die Entschiedenheit, mit der ich das als mangelhaft Erkannte auch als mangelhaft bezeichne, nicht übel deuten zu wollen. Wer verstanden und erforderlichen Falls corrigirt sein will, wie ich das immer will, der muſs mit Bestimmtheit reden.

Ich glaube, eben so sehr wie unter den Philosophen auch unter den Historikern den Irrthum, von dem auch Wilhelm v. Humboldt nicht frei war, verbreitet zu sehen, den ich schon vorhin als Formalismus bezeichnet habe. Aus mangelhafter psychologischer Analyse wird zunächst statt eines Verhältnisses zwischen mehreren Factoren ein einfacher Begriff gesetzt, dieser aber als ebenso einfaches Object genommen und so zu einer Substanz oder einem substantiellen Attribut hypostasirt. Da nun aber ein Verhältniſs, und um so leichter, je mannichfacher es ist, zur Bildung zweier oder mehrer Begriffe Veranlassung gibt: so treten Gegensätze, Antinomieen, Kreisbewegungen hervor, und man strebt nach Einheiten, Identitäten. So entsteht eine Dialektik, die gar nicht in der Sache liegt, sondern nur die Einseitigkeit der abstrahirten Begriffe beweist; eine Dialektik, welche eine logische Bewegung von Begriffen ist, aber die wirkliche Bewegung der realen Factoren nicht berührt. Dabei ist es wahrlich sehr gleichgültig, ob der Eine erklärt, die Einheit der Gegensätze sei dem Menschen verborgen und unfaſsbar, und ob der Andre sich rühmt die speculative Vernunft zu haben, mit der er solche Identitäten begreift. So ringt Humboldt mit dem Gegensatze von Sprache und Geist, wie man schon im vorigen Jahrhunderte die Antinomie aufstellte: Sprache nicht ohne Verstand; Verstand aber nicht vor der Sprache. Aehnlich heiſst es: Schrift nicht ohne Cultur; Cultur aber nicht vor der Schrift. Wenn Schelling zu göttlichen Potenzen flüchtet, Hegel es den in sich entgegengesetzten Begriffen aufträgt, sich zu verwirklichen: so erkennt Humboldt Emanationen und unmittelbares Hervorbrechen neuer Kräfte oder Vermögen; und nach Renan ist alles angeborner Instinct. Kurz, nachdem man sich in falsch gebildeten Begriffen unwahre Objecte gesetzt hat, schafft man für diese, um sie werden zu lassen, Ursachen, Kräfte, Vermögen, oder legt ihnen selbst schöpferische oder hemmende und zerstörende Kräfte und Wirkungen bei.

Manche stolze Speculation verliert ihren Boden, sobald man darauf Acht gibt, daſs wir auch für Verhältnisse Substantiva bilden und diese im Nominativ als Subject mit Verben verbinden, wodurch sie sprachlich als energische Persönlichkeiten, als wirkende Ursache dargestellt werden. Und weil die Sprache so darstellt, hat man sich verleiten lassen, zu meinen, die Sache verhalte sich so.

Dagegen lehrt nun die Psychologie, wie alle jene Begriffe, welche solche Dialektik erzeugen, nur Verdichtungen sind, welche aufgelöst werden müssen, wenn ihr wahrhafter Inhalt gedacht werden soll. Geist z. B. gilt dem Psychologen als eine Zusammenfassung vieler in einander greifender Processe, und unter ihnen ist auch der Proceſs, den wir unter Sprache verstehen, und der mit den andern in Wechselwirkung steht. Sobald man diese Begriffe nicht als feste Substanzen faſst, schwinden alle jene Antinomieen, mit denen sich Humboldt abmüht; die selbstgeschaffenen Gegensätze sind nicht mehr da, sobald man eine mannichfache Verbindung und Scheidung und Zeugung psychischer Elemente sieht, und diese in Abhängigkeit und Zusammenhang mit körperlichen Bewegungen. Sprache ist kein Wesen und kein Vermögen, welches ein anderes Wesen oder Vermögen, Geist oder Intellectualität oder Verstand, aus sich erzeugt, sondern ein Vorgang, der unter bestimmten Bedingungen eingeleitet wird, in welchen andere Elemente hineingerissen werden und durch welchen neue Elemente entstehen, die abermals in die Bewegung eintreten und sie bereichern. So entstehen Thätigkeiten, die man Denken, Verstand, Geist nennt. Hier sind Associationen und Verschmelzungen einfacher psychischer Elemente zu beobachten. Sinnes-Erregungen führten der Seele die ersten Reize zu, Laute in Folge von Reflexbewegungen der Laut-Organe wirken als neu auftretende Reize, und so entstehen mannichfache Apperceptionen, deren Erzeugnisse sich wiederum als Organe zu höheren Schöpfungen darbieten. So gibt es eine Welt innerer Elemente theils gleicher, theils verschiedener Art zu beobachten, die sich nach Gesetzen gegen einander bewegen und durch Uebereinstimmung und Gegensatz ein viel zusammengesetztes inneres Leben darstellen, einen geistigen Organismus.

Einen andern Gegensatz hat Schleicher aufgestellt, wie ich schon angeführt habe, nämlich den zwischen Sprache und Geschichte. Ich will nicht auf das schon dagegen Bemerkte zurückkommen, sondern jetzt nur auf den Formalismus hinweisen, welcher der ganzen Betrachtung zu Grunde liegt. Es werden Sprache und Geschichte als zwei selbständige Wesen neben einander aufgefafst, und die Geschichte übt ihre „Wirkung" auf die Sprache (das. S. 36). Indem so mannichfache Verhältnisse in einem Wort zusammengefafst werden, erfolgt leicht eine Generalisirung, welche von den wirklichen Thatsachen wenig in sich zurückbehält; und so wird eine längst und viel besprochene Thatsache (vergl. Heyse, System §. 90—93, meine Charakteristik S. 274) sehr trübe dargestellt. Solche abstracte Formeln, welche den Schein naturwissenschaftlicher Methoden erregen, während sie doch nur ein leerer Formalismus sind, haben der Betrachtungsweise zu weichen, welche nicht von zusammenfassenden Begriffen ausgehend die Thatsachen in ihrer Ausbreitung und ihren vielgestaltigen psychologischen Verhältnissen durchforscht. Dann tritt statt eines schillernden Gegensatzes von Sprache und Geschichte ein weitverzweigtes geistiges Leben vor uns, dessen Momente, sämmtlich in Bewegung, durch Wechselwirkung die geschichtliche Entwicklung bedingen. Diese Momente, verschieden nach Inhalt und Wirksamkeit, verhalten sich auch in den geschichtlichen Erfolgen nicht gleich; und eins kräftigt sich wohl auch auf Kosten des andern. Hier bilden sich durch Combination vorhandener Elemente ganz neue Momente, dort wird von aufsen her aufgenommen und dem Eigenen mehr oder weniger assimilirt, und dort wird ausgestofsen, aufgesogen oder geht verloren. Eins dieser Momente ist die Sprache, und ihr Schicksal ist, ihrer Natur und Bestimmung gemäfs, nicht dasselbe wie das andrer Momente, und ist in der Geschichte dieses Volkes nicht dasselbe wie in der eines andern. Denn die Bedeutung und Wirksamkeit der einzelnen Momente ist nicht in allen Volksgeistern genau dieselbe. Hier ist also sorgfältig zu beobachten und zu ermessen; und so findet man überall Unterschiede und erkennt die allgemeinen Gesetze unter individuellen Bedingungen individuell wirkend. Dann kommt man zu bestimmten Aufgaben, und wenn deren Lösung unmöglich ist, so begreift man wenigstens die Schwierigkeit. Sind denn das so mefsbare Qualitäten der Geschichte und der Sprache, wie Schleicher sie aufstellt: „reich oder arm, gewaltig, träge, rasch verfallend"? Ist es der Sprache gleichgültig, ob ein Volk blüht und wächst oder verfällt? und wenn nicht, wie verhält sich die Sprache zur Blüte und zum Verfall? Ist das Verhältnifs des Neugriechischen zum Altgriechischen, das der romanischen Sprachen zum Lateinischen und des Neuhochdeutschen zum Althochdeutschen und Gothischen dasselbe? Und wenn innerhalb der romanischen Sprachen das Spanische und Italienische weniger verfallen ist als das Französische, war die Geschichte der Spanier und Italiener weniger gewaltig und reich als die der Franzosen?

Ebenso ist gar nicht die antinomische Frage zu verhandeln: war die Cultur vor der Schrift und war sie Ursache derselben, oder war umgekehrt die Schrift vor der Cultur und war Gebärerin derselben? Statt dessen bedenke man, daſs Cultur einen bestimmten Zustand und eine Einrichtung des geistigen, theoretischen und praktischen Lebens bedeutet, welches sich natürlich aus mannichfachen Bestrebungen und Verhaltungsweisen zusammensetzt. Das immer etwas verwickelte Bild eines Culturlebens wird allemal auch Schrift in sich befassen. Also kann allerdings weder Cultur die Schrift, noch umgekehrt diese jene hervorbringen; denn dies behaupten, ergäbe ein *idem per idem*. Dagegen hat man, wenn eine wirkliche Erkenntniſs erzielt werden soll, zu sehen, worauf das Cultur-Leben beruht, aus welchen Verhältnissen es besteht, unter welchen materiellen und geistigen Bedingungen solche entstehen, auf einander wirken und mit einander neue Verhältnisse zeugen, welche als neue Factoren in den Procefs eintreten und dessen Verlauf bestimmen.

Meine Herren, wörtlich spreche ich hier nur dasselbe aus, was Hegel gegen Spinoza bemerkte, wenn ich fordere: die Substanz muſs in den Procefs aufgelöst werden. Aber unter Procefs verstehe ich nicht den dialektischen, welcher nur eine Bewegung des Bewuſstseins um die festen Substanzen oder Begriffe ist, sondern den wirklichen, sei es den natürlichen oder den psychischen. Es soll nicht der Begriff logisch in seine Merkmale zerspalten, analysirt, dialektisch bewegt werden; sondern man richte den Blick auf die in sich mehrfachen thatsächlichen Verhältnisse hin, welche jener Begriff einheitlich bezeichnet. Dies sind nun aber in der Geschichte und in der Sprache offenbar psychische Thatsachen, welche zu beobachten, in ihre constitutiven Elemente und in die Verhältnisse zwischen denselben zu zerlegen sind, was eben die Psychologie lehrt.

Es ist blofs eine besondere Erscheinungsform jenes allgemeinen Fehlers des Formalismus, daſs man die blofs ästhetische, nach Ideen charakterisirende Construction entweder geradezu für eine genetische Erklärung nahm, oder daſs man die ideale

Construction für so wesentlich hielt, dafs man daneben kaum
noch ein Bedürfnifs nach genetischer Erklärung fühlte. Nicht
blofs Hegel, nein auch sonst vielfach nahm man stillschweigend
die Ideen für wirkende Ursachen, schöpferische Mächte. Um
klar zu machen, was ich meine, will ich an eine umfassende
und bedeutsame philologische Thatsache erinnern. Die Geschichte der griechischen Literatur, die (wer möchte das verkennen?) in neuerer Zeit so vorzüglich bearbeitet worden ist,
wurde gewöhnlich nach den literarischen Gattungen geordnet,
so dafs man der Reihe nach erst das Epos, dann die Lyrik,
dann das Drama, dann die Prosa in ihren Arten, jede einzeln durch die Jahrhunderte der griechischen Geschichte ver-
folgte. Man begann mit Homer und ging das Epos durch bis
in das Mittelalter hinein, worauf man dann zurückkehrte zu
Kallinos, Archilochos und Terpander, um die Lyrik in gleicher
Weise zu behandeln. Ich rede nicht von Uebelständen, die hierbei unvermeidlich sind; was ich meine ist: das diesem Verfahren zu Grunde liegende Princip ist falsch. Denn dieses ist eben,
dafs man die literarischen Gattungen als Ideen ansah und diesen Ideen der Epik, Lyrik, Dramatik u. s. w. eine ihnen inwohnende Kraft zuschrieb sich zu verwirklichen. Dieses Princip ist
irrig, durchaus ungeschichtlich, weil unpsychologisch. Wie Materie die Substanz heilsen mag, in der sich die Naturdinge entwickeln: so Seele die Substanz, in der die geistigen Erzeugnisse
ihr ideales Dasein haben. Spricht man also von einer Entwicklung der Ideen mit Absehung von der Seele, d. h. von den
persönlichen Subjecten, welche eigentlich die Ideen erzeugen,
entwickeln, tragen, so ist das, als wollte man von Entstehung
und Entwicklung der Naturwesen reden mit Absehung von der
Materie. Der strenge Hegelianer kann das wollen, das eine,
wie das andre; der Historiker wie der Naturforscher kann es
nicht. So konnte nun auch der Historiker nicht umhin, nicht
nur seiner Entwicklung der literarischen Ideen Monographieen
der Dichter und sonstiges rein historisches Material einzuver-
weben; sondern er machte der geschichtlichen Betrachtungsweise
auch noch das Zugeständnifs, dafs er in einem kürzern ersten
Theil Epochen der Literatur aufstellte und charakterisirte, und
also die literarischen Erscheinungen chronologisch ordnete. Dies
ist aber nur eine unbewufste Inconsequenz, die zwar ausreicht,
um auffallende Mängel auszugleichen, die jedoch den dem Gan-

zen zu Grunde liegenden Irrthum nicht wegschafft, sondern nur versteckt, indem sie seine Folgen schwächt. Man fühlte blofs, dafs die Anordnung der Thatsachen nach den literarischen Gattungen eine Einseitigkeit sei, und glaubte volles Genüge zu erreichen, wenn man auch der entgegengesetzten Einseitigkeit, der Anordnung nach der Zeitreihe, gerecht würde. Aber das echt historische Princip lag auch der chronologischen Darstellung nicht zu Grunde; sondern auch hier handelte es sich blofs um Charakteristik und Construction aus Ideen, nur nicht sowohl der Gattungen, als der Zeitabschnitte. Dort entwickelt sich die Idee aus sich heraus, hier aus dem Volksgeiste, und was das heifst, wissen wir schon; hier wie dort hat man eine ideale Construction für den Nachweis der Causalität und Genesis genommen. Wie hierbei die Thatsachen aus ihrem wahren Zusammenhange verschoben werden, zeigt wohl schlagend der Fall des alexandrinischen Epos. Wird dieses in einem einfachen Gange durch die Epik von Homer an besprochen, so wird damit aufser Acht gelassen, dafs jenes spätere Epos mit Homer gar nicht mehr in natürlichem Zusammenhange steht, aber wohl mit den gleichzeitigen grammatischen Bestrebungen, mit den Recensionen und Erklärungen des homerischen Textes. — Es verhält sich aber mit allen andern literarischen Erscheinungen ganz ähnlich. Verfolgt man die Entwicklung der dramatischen Idee von Aeschylus oder Thespis hinab, so ist es nicht wahr, dafs Euripides eine Gestaltung des Dramas vertrete, die blofs aus der Entwicklung dieser Idee an sich oder des Sophokles sich mit Nothwendigkeit ergäbe; sondern in höherem Grade ist er das Erzeugnifs aller Culturverhältnisse und der geistigen Entwicklungsstufe seiner Zeit.

Hiermit soll also nicht blofs dies gesagt sein, dafs die Literatur-Geschichte vorwiegend chronologisch angeordnet sein müsse; sondern dafs die ganze Aufgabe noch reiner historisch zu erfassen ist. Man hat allerdings nicht blofs charakterisirt, sondern auch mit zuweilen glücklicher Anwendung der vergleichenden Methode Entwicklungs-Gesetze gefunden und die Thatsachen als von solchen Gesetzen in ihrem Ablaufe beherrscht dargestellt. Aber auch dieses Verfahren, wie die Anerkennung von Entwicklungs-Gesetzen, beruht ja auf der Voraussetzung, als wären die Ideen Organismen, die ein selbständiges Leben auch aufser den Seelen führten, die an sich selbst einen Keim bildeten, aus dem sie sich mit eigner Kraft nach eignen Gesetzen entwickelten. Es ist auch dies eine ungeschichtliche Hypostasirung der ganz von der Seele abhängigen Gedankenwelt. Wenn nun freilich oft genug solche Betrachtungsweise vom Forschertriebe thatsächlich durchbrochen wird, so ist sie doch nicht principiell überwunden. Was ihr zu Grunde liegt und eine gewisse Berechtigung verleiht, ist die Erkenntnifs, dafs die Geschichte nicht das Machwerk der Einzelwillkür, noch auch ein geistloser Zufall ist. Namentlich der Ansicht gegenüber, als handelten die historischen Persönlichkeiten in subjectiver Freiheit, blofs aus eigenmächtiger Reflexion oder gar individueller Leidenschaft, war es richtig darauf hinzuweisen, dafs es allgemeine ideale Mächte gibt, denen der Einzelne bewufst und unbewufst unterworfen ist und denen er sich nicht entziehen kann. Dieser Hinweis geschieht mit allem Recht; aber man ist sich unklar geblieben über das Wesen jener idealen Mächte oder Ideen, über die Weise und Form ihres Daseins und ihrer Wirksamkeit auf den Einzelnen. Man hat eben darum auch das Wesen der Einzelperson nicht richtig erkannt, einerseits ihre Abhängigkeit von jenen Ideen, andrerseits ihre Wirkung auf sie, ja ihre Erzeugung derselben. Man hat überhaupt das thatsächliche Verhältnifs nicht in seinem ganzen Umfange vor Augen. Denn was man die Kraft und Herrschaft der Ideen nennt, ist nur ein besonders hervortretender Punkt jenes Gesammtgeistes, dem der Einzelgeist seinen bestimmten Inhalt wie seine Form verdankt. Hier sei nur daran erinnert, dafs Ideen, welche sein sollen, nothwendig Ideen eines Subjects, in einer Seele, einem Bewufstsein sich finden müssen. Man darf den metaphorischen Ausdruck von den in der Luft fliegenden Ideen, die wir mit der Luft einathmen, nicht zur Chimäre werden lassen. Das reale Verhältnifs, das solchen Auffassungen zu Grunde liegt, beruht auf Gesetzen der Bewegung der Vorstellungen im Bewufstsein, auf Gesetzen der Association, Combinirung und Erzeugung von Vorstellungen, auf Gesetzen des Verkehrs zwischen den individuellen Subjecten und ihres Sich-Zusammenschliefsens zu umfassendem Bewufstsein, auf Gesetzen der Aneignung, Gestaltung und Bereicherung des Gegebenen. Idee ist blofs ein abstracter Inhalt, der nur insofern Wirklichkeit hat, als er in einem Bewufstsein oder einem Subject liegt, und insofern Macht hat, als er in diesem Bewufstsein zu andern Inhalte desselben in ein wirksames Verhältnifs tritt. Der Historiker also, der (nach Gervinus, Grundzüge der Historik §. 28, 29.) die Ideen zum Faden seiner Darstellung wählt, um dieselben die Thatsachen gruppirt, kann dadurch einerseits den Inhalt jener Ideen, sein Werden und Wachsen, anschaulich machen, und so andrerseits, die Bedeutsamkeit dieser Thatsachen und ihren durch diese Bedeutung bedingten, also ästhetischen, Zusammenhang erläutern. Aber von den eigentlichen Ursachen dieser Thatsachen, vom wirklichen Wachsthum der Ideen ist damit nichts begriffen, also die Aufgabe des Historikers nur einseitig gelöst.

Erlauben Sie mir, m. H., noch an einen nicht minder bedeutsamen Fall zu erinnern, an einen Lieblingsgegenstand für die Philologen wie für die Laien, nämlich an die Charaktere der griechischen Stämme. Wenn ich mich nicht täusche, so hat man diese Stammcharaktere viel zu sehr als blofse Naturbestimmtheiten angesehen, als etwas Gegebenes, das alle Bedingungen zu den geistigen Erzeugungen jedes Stammes schon vollständig in sich trug. Diese Erzeugnisse galten unmittelbar als der Inhalt des Charakters und ihre Artbestimmtheit als Qualität desselben. Zum Charakter der Ioner, meint man, gehört eben die Epik, d. h. die Epik überhaupt und an sich, nicht blofs die ionische oder der ionische Typus derselben. Denn man erkannte auch keine andre Epik an, als die ionische. Und eben so in Bezug auf die andern Stämme. Hierbei scheint man mir nun das geschichtliche Element zu wenig beachtet zu haben. Allerdings wirkten in diesem Falle wohl Naturbestimmtheit und Geschichte in innigster Wechselbeziehung; es darf eben keine Seite unbeachtet bleiben. Nun meine ich nicht sowohl dies, dafs man zu wenig darauf gesehen habe, unter welchen geschichtlichen Verhältnissen sich jene Stamm-Charaktere gebildet haben, sondern mehr noch dies, dafs die Productivität der Stämme nicht in dieselbe Zeit fällt, sondern beinahe einer den andern ablöst. Dies beweist, dafs jene Charaktere, so wie sie erscheinen, nicht sowohl ethnologische Daten, als geschichtliche Ereignisse sind. Hier scheint mir eine Aufgabe vorzuliegen, bei der besonders klar ist, dafs sie zu ihrer Lösung durchaus der Vereinigung psychologischer und historischer Betrachtung bedarf, eine Aufgabe geschichtlicher Psychologie und psychologischer Geschichte. Es sei mir gestattet, die Aufgabe näher zu bezeichnen.

Nach einander tritt die Productionskraft der Stämme hervor. Der ionische Charakter gelangt am frühesten zur Reife, wenig später der dorische in staatlicher Beziehung: dann entwickelt sich literarisch der äolische, hierauf der dorische auch literarisch, endlich der attische langsamer und später als die andern. Bestimmen wir nun diese nach einander auftretenden Charaktere in üblicher Weise: den ionischen als den relativ äufserlichen, den äolischen als den subjectiven, den dorischen als den innerlichern, endlich den attischen als den objectiven Charakter: so scheint die Reihenfolge dieser Charaktere einem Entwicklungs-Gesetze zu entsprechen, das sich ohne Weiteres als sehr annehmbar darstellt. Es scheint von selbst einleuchtend, dafs die ionische Aeufserlichkeit zuerst auftreten müsse, dafs dann erst die äolische Subjectivität folgen könne, die sich darauf zur dorischen Innerlichkeit sammle und endlich in der attischen Objectivität ihren Abschlufs finde. Abgesehen aber davon, dafs dieses Entwicklungs-Gesetz, bevor es als allgemein gültig angesehen werden kann, mancherlei näherer Bestimmungen, d. h. Beschränkungen bedarf: scheint mir, es sei, wenn nicht eine irrthümliche Auffassung der Thatsachen veranlafst werden soll, noch Folgendes wohl zu beachten. Erstlich, man mufs nicht meinen, Aeufserlichkeit und Epik, Subjectivität und Lyrik u. s. w. seien an sich wirkliche Kräfte, objective (wenn auch intelligible) Potenzen, die sich in den Ionern, Aeolern u. s. w. ihre Wirklichkeit geben — eine wahrhaft abergläubische, wenn auch scheinbar sehr speculative Ansicht. Zweitens, man mufs auch nicht sagen, der Ionismus habe sich darum zuerst entwickelt, weil in seiner Grundbestimmtheit die Aeufserlichkeit gelegen habe; der Aeolismus sei gefolgt, weil er eben Subjectivismus sei, dessen Entwicklung erst später auftreten konnte, aber vor der Innerlichkeit sich entfalten mufste. Auch dies schiene mir eine unbegründete Ansicht; denn womit wäre bewiesen, dafs der ionische Geist ursprünglich, von Natur, weniger subjectiv und weniger innerlich gewesen wäre, als der äolische und dorische Charakter, weniger objectiv als der attische? Mir scheint vielmehr, dafs man sich so ausdrücken müsse: jeder hellenische Stamm entwickelte das Hellenenthum in derjenigen Form, welche durch die Bedingungen, unter denen er seine Blüte erreichte, nothwendig geworden war. Ganz anders waren die Mischungsverhältnisse der Bevölkerung, in Folge dessen ganz anders die politische Verfassung: und wiederum in Folge davon und von geographischen, tellurischen und klimatischen Verhältnissen gestaltete sich Leben und Verkehr im Innern und nach außen bei den Ioniern und den Dorern und den Attikern bei jedem verschieden; und aus dieser Verschiedenheit der Bedingungen ergab sich die Verschiedenheit der Entwicklung nach Zeit und Wesen, und endlich auch darum Verschiedenheit im Wesen, weil in der Zeit.

Bei dieser Auffassung scheint mir eben sowohl das speculative Bedürfniß nach Einheit und einem Zusammenhange der Ideen, als auch die rein historische, causal-genetische Betrachtungsweise befriedigt. Es wird Ihnen einerseits nicht entgangen sein, wie ich hier von der einheitlichen Idee des Hellenenthums ausgegangen bin, welche in den Charakteren der hellenischen Stämme ihre Abschattung und Entwicklung erhält. Andrerseits aber werden hierbei die Bedingungen dieser Ideen und ihrer Entwicklung in der Wirklichkeit, nämlich in den Subjecten des hellenischen Volkes und in den Verhältnissen, unter denen es lebte, in ihrer vollen Ausdehnung und ganzen Bedeutung berücksichtigt. Und nicht bloß die thatsächlich vorhandene Verschiedenheit der Stämme soll aus den psychologisch-geschichtlichen Bedingungen erklärt werden; sondern auch die speculative Seite der soeben ausgesprochenen Ansicht, die Annahme einer idealen Einheit über und in der Stammdifferenzirung, ist Gegenstand einer psychologischen Aufgabe, und zwar darum, weil diese Einheit nicht bloß eine subjectivistische Idee, eine bloße Hilfsannahme, ein Gedanke des Historikers, eine Hypothese von bloß constructivem Werthe ist. Nicht in dem Sinne, wir wir etwa sagen, daß sich die Thierheit, die Idee des Thieres oder der Pflanze in den verschiedenen Typen der Classen der Thiere und Pflanzen offenbare und entwickele, nicht so reden wir vom Hellenenthum. Diese Idee, das einige Hellenenthum, ist vielmehr auch für sich selbst eine geistige Thatsache, verwirklicht in bestimmten Institutionen und Ereignissen, aber auch eine Wirklichkeit in den lebendigen hellenischen Subjecten als Gedanke, ein wirkliches Ereigniß in ihren Seelen, also von constitutiver Bedeutung. Sie ist also zugleich speculativ und historisch berechtigt und nothwendig. Und weil sie nun wirklich war, weil sie in der Seele, dem Bewußtsein des griechischen Volkes, Leben hatte, darum war sie psychischen Gesetzen unterworfen; und die Art und Weise dieser ihrer subjectiven Wirklichkeit wie ihres Lebens in den Subjecten ist Gegenstand psychologischer Forschung.

Hieran sehen Sie wohl, m. H., wie ich im entferntesten nicht geneigt bin, die Geschichte ihrer idealen Seite zu berauben. Nur dies wollte ich klar gemacht und kräftig zu Bewufstsein gebracht wissen, dafs alles was man den innewohnenden Geist, die Richtung, die Idee geschichtlicher Thatsachen nennt, nicht an sich schon Gesetze der Geschichte sind, sondern als Elemente der Geschichte der Analyse bedürfen und Gesetzen unterliegen. Dies scheint mir bisher nicht genügend beachtet, obwohl mir ein sehr mächtiger Trieb in der Geschichtswissenschaft der neuesten Zeit nach Aufstellung von Gesetzen nicht entgangen sein kann. Es geschieht gerade aus der vollen Anerkennung der Bedeutung dieses Triebes, dafs ich mir erlaube auf die Nothwendigkeit hinzuweisen, dafs sich derselbe mit psychologischer Betrachtungsweise verbinden mufs, wenn er wahrhaft schöpferisch wirken soll.

Die dargelegte Ansicht wird auch nicht von dem Vorwurf getroffen, als werde dadurch die Geschichte in einen ihr fremdartigen Kreis von Wissenschaften gezogen. Ich gestehe unbedingt zu, dafs „die Methoden je nach ihren Objecten andere und andere sind, wie die Sinneswerkzeuge für die verschiedenen Formen sinnlicher Wahrnehmung, wie die Organe für ihre verschiedengearteten Functionen". Ja jede Wissenschaft, da sie an demselben Objecte mehrere Aufgaben zu lösen hat, bedarf auch mehrerer Methoden. Und hier wird behauptet, dafs die Geschichte nach der Eigenthümlichkeit ihrer wesentlichsten Aufgabe die psychologische Methode zur Grundlage haben mufs.

Ich bin fern davon zu verkennen, dafs der Historiker die Naturbedingnisse des menschlichen Lebens, Statistik, Finanzen und Staatshaushalt, Politik, Kriegführung, Religion, Aesthetik, Philosophie und alle Wissenschaft und was sonst noch nöthig sein mag, gründlich verstehen mufs. Wer das Leben darstellen, begreifen will, mufs es kennen; und wer von der Wirkung der Natur auf das geistige Leben reden will, mufs die Natur kennen. Aber alle diese Wissenschaften, die das Leben zum Gegenstande haben sind für den Historiker nur Hülfswissenschaften; Psychologie ist das ihm eigenthümliche, sein ganzes Object durchdringende und zusammenhaltende Element. Mag Geistiges oder mag die Natur auf den Geist wirken: der Einflufs des einen wie des andern wird vom Geiste bedingt und kann nur aus psychologischen Gesetzen begriffen werden[*]). — Ein bedeutender Historiker hat bemerkt[**]), daſs die geschichtliche Arbeit sich an einem Stoffe vollzieht, der natürlich Gegebenes wie geschichtlich Gewordenes umfaſst, und der ebenso Mittel wie Schranke, ebenso Bedingung wie Antrieb für die Arbeit ist. Neben dem Stoffe aber kommt die Form mit wesentlicherer Bedeutung in Betracht. In diesen Formen hat die Geschichte ein rastlos sich weiter bewegendes Leben; das Heraustreten-Lassen derselben ist die eigentlich geschichtliche Arbeit. „Denn sie sind die sittlichen Gemeinsamkeiten, in denen wir leiblich und geistig werden was wir sind". „Dies sind Bereiche, innerhalb deren Gesetze von gar anderer Art und Energie, als Buckle sie sucht, ihre Stelle haben und ihre Macht üben". Wenn nun hiernach als solche Gesetze die sittlichen Mächte genannt werden, als da sind: Gemeinschaft der Familie, des Staates, des Volkes u. s. w. und Pflicht, Tugend, Wahl in den tragischen Conflicten u. s. w.: so zeigt sich hier wieder die Vermischung der causal-genetischen Betrachtung mit der ethisch-ästhetischen. Denn jene sittlichen Mächte haben ihre Macht nur als Vorstellungen in einem Bewuſstsein, und als solche sind sie psychologischen Gesetzen unterworfen. Und so meine ich nun, daſs alle jene genannten Wissenschaften, wie Statistik, Strategik, Biotik (Nahrungsmittellehre) u. s. w. nur den Stoff der Geschichte zum Gegenstande haben, also dem Historiker nur Hülfswissenschaften sein können; die geschichtliche Arbeit selbst aber, die Gestaltung und Erzeugung des Stoffes, die Bewegung und Entwicklung, kurz das Eigenste und Innerste der Geschichte, fordert psychologische Betrachtung. Die Medii Termini in seinen Schlüssen sind psychologischer Art. Soll die schöne Statue des Adorante erklärt werden, so handelt es sich nach dem angeführten Historiker nicht um das Erz, aus dem sie gegossen, den Thon, aus dem die Form gefertigt, das Feuer, mit dem

---

[*]) Vergl. Zeitschr. f. Völkerpsych. I. S. 38. 39.

[**]) Droysen, Die Erhebung der Geschichte zum Rang einer Wissenschaft in Sybels historischer Zeitschrift 1863. Erstes Heft. Aus dieser Abh. ist auch die oben mitgetheilte Stelle über $A = a + x$ gezogen. An sich betrachtet ist diese Abhandlung sehr gedankenreich; nur als Polemik gegen Buckle wird sie ihren Zweck wenig erfüllen. Droysen bewegt sich durchweg auf einer Höhe, der Buckle ganz fern bleibt; eben darum trifft er diesen nicht. Das Bemühen aber, ihn zu sich herauf zu ziehen, kann auch nicht gelingen.

das Metall in Flufs gebracht worden ist, sondern um „die Vorstellung von dem Bilde, das da werden sollte, die in des Künstlers Seele war, ehe das Werk war, in dem sie sich verwirklichen sollte". Ist denn aber die Aufgabe etwa damit gelöst, dafs man die von dem Kunstwerk abstrahirte Vorstellung des Bildes das $τί ἦν εἶναι$ des Werkes nennt? Das glaubt doch Niemand mehr. In der That, die Weisheit „des Meisters derer, welche wissen" ist nun doch nach zwei Jahrtausenden zu schal geworden. Wenn nun aber der Kunsthistoriker jene Vorstellung des schaffenden Künstlers erklären und namentlich auch über jenes x so viel Licht wie möglich ausgiefsen soll: wird er das vermögen ohne Psychologie? Aber auch nicht das, meine Herren, werden Sie meinen, als wäre der Kunsthistoriker kunstverständig und nebenbei auch in der Psychologie erfahren. Nein, er ist in seinem eigensten Verfahren, in der Erklärung einer künstlerischen Vorstellung, Psycholog; er treibt Kunst-Psychologie, er erklärt die Entstehung eines Kunstwerkes in der Seele des Künstlers aus psychologischen Gesetzen.

Der angeführte Historiker hat auf „die wachsende Entfremdung zwischen den exacten und speculativen Disciplinen" hingewiesen und hat „den täglich weiter klaffenden Zwiespalt zwischen der materialistischen und supranaturalistischen Weltanschauung" mit vollstem Recht für „anormal und unwahr" erklärt. „Diese Gegensätze fordern eine Ausgleichung" sagt er. Er erwartet eine solche, und abermals mit vollstem Recht, von einer echt wissenschaftlich bearbeiteten Geschichte. Dies wird aber, wie ich hier in Kürze zu erweisen suchte, die psychologisch eindringende Geschichte sein. Die Psychologie hat den Beruf und die Kraft jene Kluft und Entfremdung zwischen den wissenschaftlichen Anschauungsweisen auszugleichen, weil sie den Geist zum Object hat, der in sich selbst den Gegensatz gesetzlicher Gebundenheit und freier Entwicklung trägt [*]).

Eine Psychologie, welche sich solche Aufgaben stellt, welche die Geschichte erklären will, mag Völkerpsychologie heifsen, weil die Völker der reale Boden oder die realen Factoren der Geschichte sind. Indem aber bestimmter ausgedrückt ihre Aufgabe überall liegt, wo Seelen, Subjecte mit und in einander wirken, sich einen: so gehört jede Gemeinsamkeit geistigen

---

[*]) Vergl. Zeitschr. f. Völkerpsych. I. S. 17 f.

Lebens in ihren Bereich. Ihr Gegenstand ist der Mensch als das sich geistig entwickelnde Wesen; das ist aber der Mensch nicht in seiner Einzelheit, sondern in seinem Zusammenleben innerhalb einer Gemeinsamkeit, vor allem innerhalb eines Volkes*).

Berücksichtigen wir nun hiernach blofs den Begriff der Geschichte und der Völkerpsychologie, und zwar ihren vollen Begriff, ihre gesammte Idee: so fallen sie in Wahrheit zusammen, und nur relativ lassen sie sich so unterscheiden, dafs man die Geschichte als den analytischen, die Völkerpsychologie als den synthetischen Theil der Wissenschaft vom Geiste bezeichnet**). Der Philologe oder Historiker in der Idee ist zugleich der Völkerpsychologe und umgekehrt. Wir, die endlichen Individuen, freilich ziehen uns jeder seine Schranke; aber diese Zusammenkünfte beweisen ja unser Aller Wunsch, dafs diese Schranken der Individualitäten die Gemeinsamkeit und Einheit der Geister nicht stören, sondern stärken mögen.

---

*) Wie sehr die völkerpsychologischen Bestrebungen in der wirklichen Strömung des wissenschaftlichen Geistes unserer Zeit sich bewegen, ist früher schon durch Anführung von Stellen unserer genialsten Denker gezeigt worden, welche klärlich auf die Völkerpsychologie hinweisen. Jetzt führe ich noch einen der besten englischen Denker an: John Stuart Mill (*A system of Logic* 1843). Er kennt eine Gesellschaftslehre (*Social Science*) und innerhalb ihrer die *Political Ethologie, or the science of national character*. Ich weifs nicht, ob man den Namen Völkerpsychologie getreuer im Englischen wiedergeben könnte.

**) Vergl. Zeitschr. f. Völkerpsych. I. S. 25. III. S. 2.